Rüdiger Rogoll

Nimm mich, wie ich bin

HERDER / SPEKTRUM

Band 4102

Das Buch

Wenn Paare in Konflikte geraten, so hat es oft seine Gründe: Wie kann man diese Konflikte bewältigen, und wie kann man in der Beziehung wirklich weiterkommen, ohne in die gleichen Muster einzurasten? Rüdiger Rogoll zeigt auf, was geschieht, wenn Mann und Frau sich verlieben, er geht den oftmals unausgesprochenen und uneingestandenen Phantasien auf den Grund, den Erwartungen, die jeweils an die andere oder den anderen gerichtet werden. Psychospiele und Beziehungsphantasien verderben die Laune und auf Dauer die Partnerschaft. In der Liebe und im Konflikt schwingen immer die unterschiedlichen Anteile der Person mit: diese zu erkennen und positiv damit umzugehen, hilft die Transaktionsanalyse, eine Methode, die gerade, wenn es um Nähe und Kommunikation geht, sehr erfolgreich ist. Zu entdecken, wie ich wirklich bin, dazu stehen und in den anderen nicht meine eigenen unerfüllten Phantasien zu projizieren, ihn oder sie lassen zu können: das ist eine wichtige Voraussetzung für die Liebe.

Der Autor

Rüdiger Rogoll, Dr. med., geboren 1940, ist einer der bedeutendsten Therapeuten der Transaktionsanalyse im deutschsprachigen Raum. Facharzt für Neurologie, Psychiatrie und Psychotherapie, klinischer Transaktionsanalytiker, Lehrtherapeut. Ausbildung u. a. in Washington und Seattle, eigene Praxis in Süddeutschland. Zahlreiche Publikationen. Bei Herder/Spektrum: Nimm dich, wie du bist. Wie man mit sich einig werden kann (4046); zusammen mit Werner Rautenberg: Werde, der du werden kannst. Persönlichkeitsentfaltung durch Transaktionsanalyse (4062); zusammen mit Ulrike und Christa Marwedel: Ich mag mein Kind – mein Kind mag mich. Transaktionsanalyse für Eltern (4095).

Rüdiger Rogoll

Nimm mich, wie ich bin

Lieben und Lassen
in der Partnerschaft

Herder
Freiburg · Basel · Wien

Gedruckt auf umweltfreundlichem,
chlorfrei gebleichtem Papier

6. Auflage

Alle Rechte vorbehalten – Printed in Germany
© Verlag Herder Freiburg im Breisgau 1988
Neuausgabe der zuerst unter dem Titel „Lieben und Lassen. Herz und
Verstand in der Partnerschaft" erschienenen Taschenbuchausgabe
Neuausgabe Verlag Herder 1992
Herstellung: Freiburger Graphische Betriebe 1999
Umschlaggestaltung: Joseph Pölzelbauer
Umschlagmotiv: Edward Hopper, Summertime (1943), Ausschnitt
Delaware Art Museum, Wilmington, USA
ISBN 3-451-04102-2

Inhalt

Hochzeit – Tiefzeit

Jede dritte Ehe wird geschieden, auch im vorwiegend katholischen deutschen Sprachraum. Und es wären bestimmt noch mehr, wenn nicht so viele Partner Angst hätten – vor dem Alleinsein, vor quälenden Schuldgefühlen, vor dem Eingeständnis, versagt zu haben, vor dem Gerede der Leute, Verwandten und Nachbarn und vor finanziellen Schwierigkeiten.

Eine solche trostlose Bilanz scheint den Satz von Abraham a Sancta Clara zu bestätigen: Ein Ehestand, der wohlbestellt, ist (ein) seltsam Ding auf dieser Welt. – Doch sie ist mir nicht nachvollziehbar, wenn ich Liebespaare jedweder Couleur beobachte. Sind sie nicht irgendwo dem Glauben – oder genauer: dem Wunsch verhaftet, ihr Liebesrausch, diese Hoch-Zeit der Gefühle möge nie, nie, nie versiegen? Das wollen uns doch sowohl Romane und Geschichten aus der Regenbogenpresse bis hin zur höchsten Kunst der Dichterfürsten als auch Märchen mit ihrem fantastisch illusionären Schluß (... und wenn sie nicht gestorben sind ...) glauben machen.

Wer kann sich schon vorstellen, daß eine Paarbeziehung, die jetzt in der hohen Zeit der Liebe zu schwelgen scheint, kurze Zeit später in der Tiefzeit von Zank und Verletzung und schlechten Gefühlen endet! Ich vermag es erst, seit ich so viele Tragödien von Streitpaaren und Einzelschicksalen kennengelernt habe. Paarbeziehungen scheinen sich mehr und mehr unserer Wegwerfgesellschaft anzugleichen: sie werden ebenso weggeworfen wie z. B. eine solide Einrichtung, nur weil sie nicht mehr dem „letzten Schrei" genügt. Wir sollen (laut Werbung) Konsumgüter nur annehmen, keinesfalls aber wahrnehmen: „Mache alles verwertbar!" Die Art des Verhaltens zu den Dingen bestimmt das Verhältnis der Menschen zueinander [1].

Die allermeisten Paare haben wohl keinerlei böse Hinterge-
danken zu Beginn ihrer Beziehung. Im Gegenteil: Sie fühlen sich
beflügelt und meinen es ach so gut – und besser ...

... und dann kam alles ganz anders als erwartet: Unsere Ehe
plätscherte trostlos dahin. – Ich habe solche Angst, daß ich mich
zu Schlägen hinreißen lasse. – Ist er betrunken, schmeißt er mich
raus. – Blicke ich ihn an, überfällt mich unendliche Traurigkeit.
– Er spielt verrückt, wenn ich allein ausgehe. – Ich bin ihm hörig.
– Wäre ich bloß nicht auf seine Sprüche reingefallen. – Seinetwe-
gen würde ich sogar den Ausbildungsvertrag lösen. – Heute
weiß ich, daß ich meinen Mann nie hätte heiraten dürfen. –
Mein Herzenswunsch erfüllt sich nicht. – Ich bin unsicher, ob er
der richtige Mann für mich ist. – Meine Schwiegermutter ist
meine Gegnerin. – Es vergeht kein Tag, an dem ich nicht weine.
– Meine Freundin faucht mich schon an, bevor ich etwas sage. –
Für den andern wäre ich bereit, Mann und Kinder zu verlassen.

Diese wahllosen Beispiele alltäglichen Eheleids resultieren aus
symbiotisch miteinander verschmolzenen Paarbeziehungen, wie
sie im nächsten Kapitel beschrieben werden. Es folgen noch
einige negative Beispiele, die die Körperfühl-Sphäre betreffen
und auf das Animalische, das Tier in uns hinweisen: Das Glück
unserer Partnerschaft kann doch nicht von meinem Busen ab-
hängen. – Früher wollte sie mich vor lauter Liebe fressen. – Sie
kann mich nicht mehr riechen. – Leider bin ich nicht die Frau
seiner Träume. – Er wird aggressiv, wenn ich nur ein klein wenig
zärtlich sein will. – Sein/ihr Anblick ekelt mich. – Zu allem Unglück ist auch noch meine Nase zu lang. – Plötzlich findet er
mich häßlich. – Sexuell komme ich nicht auf meine Kosten. – Es
ist mir so peinlich, mich vor ihm auszuziehen. – Er überfällt
mich wie ein Stier. – Gegenüber ihren früheren Freunden bin ich
körperlich ein Nichts. – Seinen/ihren Körper finde ich abstoßend – usw.

Von einer Trennung erhoffen sich solche zerstrittenen Partner wieder Ruhe. Sind sie „endlich" allein, erleben viele einen
neuen Schmerz – den des Verlustes. Hans Carossa beschreibt
das treffend:

Was einer ist, was einer war
Beim Scheiden wird es offenbar
Wir hören's nicht, wenn Gottes Weise summt,
Wir schaudern erst, wenn sie verstummt.

Bei der Hochzeit wird Paaren viel Glück gewünscht, obwohl sie sich schon so glücklich wähnen. Glück kann sich von zwei Seiten zeigen: ideelles Glück nimmt zu mit steigender Sensibilität – wie z. B. für das Feine, das Schöne, das Geringe, das Lebendige. Das materielle Glück hingegen schwindet mit steigendem Reichtum. Der erste Schluck Bier schmeckt am besten, der letzte schal. Das erste selbstverdiente Geld, das erste eigene Fahrrad, die erste Wohnung bewirken ein Glücksgefühl, das in seiner Intensität mit dem späteren Spitzengehalt, der Luxuslimousine, dem eigenen Haus nicht mehr erreicht wird, im Gegenteil: Je mehr er hat, je mehr er will. Das kann schließlich zu einer weitverbreiteten Krankheit des Westens führen, in der viele Menschen alles besitzen und sich über nichts freuen können.

Der Hunger nach intensiveren Reizen wird größer, so daß z. B. bei jungen Paaren schon zu hören ist: „Du mußt mir das Paradies versprechen ..." Diese Grandiosität führt natürlich zu Enttäuschung, zu Wut und Haß, der Kehrseite der Liebe. Haß hat immer etwas Blindes und kann sich leicht in Gewalt entladen. Gewalt ist maskierte Unfähigkeit, einander zu vergeben und zu lieben [9]. Gewalt schafft niemals Frieden, höchstens Friedhöfe – und viele Paare beginnen damit:

Da schlagen sich Partner häßlichste Gemeinheiten um die Ohren und gehen damit noch vor den Kadi; da gähnen Partner sich gelangweilt an und bleiben vielleicht nur zusammen, um versorgt zu sein. Da schlagen brutale Männer ihre Frauen grün und blau; da reizen schnippische Frauen ihre Männer bis aufs äußerste. Sie alle haben sich doch einmal geliebt, zunächst in ihrem heimlichen Versteck. Später „durften sie es" auch ohne Heimlichkeiten, und dann ...? Irgendwann war er aus, der große Traum von der wahren Liebe, und La Rochefoucauld schien mit seinem Satz recht zu haben: Mit der wahren Liebe verhält es sich wie mit Gespenstern, jeder spricht davon, aber keiner hat sie je gesehen. Vielleicht weil Verliebtheit blind macht? Der Volksmund drückt jedenfalls schon seit Menschengedenken aus, daß wir in unserer ersten Verliebtheit einem blinden Fleck, einer Täuschung oder einer Trübung erliegen. Das beschreiben auch noch andere Worte wie: er ist vernarrt in sie, oder: sie ist verrückt nach ihm. Aber was hat sich denn ver-rückt in unserer Erlebens- und Sichtweise, wenn wir verliebt sind? Nebenbei sind die Tiere ein lebendiger Spiegel unserer selbst, wenn sie in ihrem Balzverhalten „völlig aus dem Häuschen geraten".

Im folgenden werde ich die von Paaren immer wieder geschilderten Handlungs- und Denkweisen aufzeigen sowie die daraus ableitbaren Gefühle und einige allgemein verstehbare Lösungsmöglichkeiten skizzieren. Vielleicht finden einige Leser(innen) Gedankenanstöße, um eventuelles Beziehungsleid etwas mildern zu können oder eine unvermeidlich gewordene Trennung wenigstens ohne die widerwärtigen Schläge unter die Gürtellinie zu vollziehen. Ich bediene mich dazu vornehmlich des verständlichen Modells der Transaktionsanalyse (TA). Ich bemühe mich, den Fachjargon weitgehend zu vermeiden und dafür allgemeinverständliches Schriftdeutsch zu verwenden; denn ich wende mich hauptsächlich an Menschen, die nicht der psychologischen Fachwelt angehören. Für Interessenten füge ich gelegentlich ein Fachwort in ( ) ein, während Literaturangaben in [ ] stehen.

Als Transaktion bezeichnen wir die Grundeinheit aller zwischenmenschlichen Beziehungen. Sie besteht aus einem Stimulus und einer entsprechenden Reaktion. Diese laufen zwischen den einzelnen (Ich-Zuständen verschiedener) Menschen ab und zeigen sich in Taten, Gesten, Worten, Gedanken oder Gefühlen. Jeder Stimulus des einen bewirkt etwas bei dem anderen, sei es auch „nur" das berühmte Gedankenlesen: „Wenn ich dein Gesicht sehe, weiß ich genug ...". – Ein Nicht-Reagieren gibt es nicht.

Die einfachsten Transaktionen beruhen auf dem Ursache-Wirkung-Prinzip: „Wie ich in den Wald hineinrufe, so schallt es heraus." – Oder: bringen wir einen Hund in einen Raum, dessen vier Wände mit Spiegeln verkleidet sind, so wird er bald merken, daß sein Spiegelbild ihn nachahmt. Er wird sich umschauen und noch mehrere solcher unverschämter Kerle entdecken. Daraufhin wird er seine Rivalen anknurren und die Zähne fletschen, was diese wieder auch tun. Vor dieser vermeintlichen Übermacht grimmiger Drohgebärden wird er sich fürchten, im Kreis umherlaufen und bald zusammenbrechen. – Hätte er nur einmal seinen Stimulus in ein freundliches Schwanzwedeln geändert, hätte er viele freudige Spielgefährten gefunden. Aber so einfach kann Beziehung nicht sein!

Die bedeutsamsten Konzepte innerhalb der TA sind die Skriptanalyse [6] und die Spielanalyse [4]. Unter Skript verstehen wir einen Lebensfahrplan, den wir in wichtigen Lebenslagen, insbesondere unter Streß, unbewußt befolgen, weil er uns die Sicherheit des Altvertrauten bietet; denn wir haben ihn schon sehr früh, als wir unseren klugen Verstand (ERWACHSENEN-Ich) noch nicht zur Verfügung hatten, in uns (KIND-Ich) als eine Art Leitmotiv zusammengefügt aus: Erlebnissen – leidvollen und freudigen –, Einflüssen von außen, Fantasien – und wie konnten wir als Kinder fantasieren! – und schließlich unseren schicksalhaften Persönlichkeitsanlagen und Charaktereigenschaften.

Dementsprechend bildet unser Skript mit seinen vielfältigen Skriptansätzen bzw. Skriptmottos auch die Basis für unsere unbewußte Partnerwahl. Wenn wir dann mit unseren Skripts so richtig ineinander haken, glauben wir „zueinander zu passen" wie der Schlüssel zum Schloß, und wir fühlen uns verliebt.

Wie wir dann weiterhin miteinander umgehen, das beschreibt eindrücklich die Spielanalyse [4]. Psychospiele laufen als verdeckte Transaktionen [5, 36] ab, d. h. gleichzeitig auf einer verdeckten (nicht bewußten) und einer sozialen offenkundigen Ebene. Dazu ein Beispiel: Ein König hatte einen Sohn, der durch sein Land vagabundierte. Er befürchtete, daß dieser beim Umherstreunen zuviel wahrnehmen würde. Das sollte er nicht. Deswegen schenkte der König ihm eine Kutsche: „Nun brauchst du nicht mehr zu Fuß gehen." Der Sinn aber war: „Nun darfst du nicht mehr zu Fuß gehen." Und die Wirkung: „Nun kannst du nicht mehr zu Fuß gehen."

Psychospiele haben den Sinn, unsere Zeit miteinander zu strukturieren, unseren Hunger nach Zuwendung zu stillen [3], Verantwortung an den andern abzuschieben, schlechte Gefühle einzuheimsen, Innigkeit zu vermeiden und schließlich unseren

Skriptfahrplan zu bestätigen und zu befolgen: „So bin ich halt."
Z. B. sehen viele Partner nach einem zermürbenden Ehekrieg im Alleinsein die Rettung: „Bloß weg von dieser Hölle." Sie sind sich jedoch nicht bewußt, daß sie damit ihr Einsamkeitsskript befolgen, das auf die fatale Endauszahlung abzielt: Sei einsam!

Eine erste Ahnung, daß „hier etwas nicht stimmt", flüstert uns manchmal unsere innere Stimme zu: „Ich habe bloß geheiratet, um nicht allein zu sein. Da drinnen spürte ich irgendwie, es geht schief", „Ich wollte diese innere Warnung nicht hören." – Oder eine junge Frau, der es gerade nicht gut geht, fragt ihren Mann: „Gehst du heute abend zum Training?" „Klar", antwortet der; doch sie hoffte, er würde bei ihr bleiben. Das aber verdeutlichte sie nicht.

Psychospiele werden hauptsächlich in der Familie erlernt und eingespielt. Erkenntlich sind sie u. a. an volkstümlichen Redewendungen wie: Schon wieder das gleiche *Spiel*chen. – Immer wieder führt sie diesen *Tanz* auf. – Das ist wieder die alte *Leier*. – Ich hab das *Theater* mit dir jetzt satt. – Mußt du immer solchen *Zirkus* machen. – Das ist schon ein *Drama* mit dem Kerl. – Diese Begriffe aus der Welt der Bühne zeugen von der schillernden Vielfalt, dem Temperament und der Lebendigkeit von Psychospielen.

Eines der bekanntesten Psychospiele überhaupt ist: Wenn du nicht wärst ... Seine einzelnen Schritte lauten im Klartext: Ich habe Angst vor x (z. B. dem Alleinsein) und suche mir Dich als „Beschützer", weil du mir x verbietest (das läuft außerhalb meiner Wahrnehmung, also unbewußt ab). Anstatt dir dafür dankbar zu sein, nutze ich die Situation aus, wechsle die Rolle und beschuldige dich jetzt dafür, daß du mich mit deinen Verboten einschränkst. Dieser Wechsel, der die verdeckte, unbewußte Ebene offenkundig werden läßt, ist das Charakteristikum sämtlicher Psychospiele. Dann kann ich mich rechthaberisch entrüsten: Nicht daß ich etwa vor x Angst hätte, nein, nein! *Du* läßt mich ja nicht. Und wenn du nicht wärst, könnte ich endlich mein eigenes Leben leben.

Typische Äußerungen für dieses Spiel sind: Wäre ich nicht schwanger, könnte er zum Teufel gehen. – Wäre mein Kind gesund, hätte ich mich schon längst scheiden lassen. – Wäre sie nicht so anspruchsvoll, bräuchte ich nicht so viele Überstunden zu machen. – Hätte er mich nicht dauernd so umworben, wäre ich noch bei meiner großen Liebe. – Hätte sie mich nur ein bißchen geliebt, wäre ich kein Alkoholiker geworden. –

In der Praxis wird die Spielanalyse meist von hinten (dem Spielgewinn oder der Endauszahlung) eingefädelt, denn die Partner finden sich zur Beratung mit ihren schlechten Gefühlen ein und beschimpfen sich zumeist. Dieses Eindreschen aufeinander lasse ich – oft zum Leidwesen der Ratsuchenden – nicht lange zu. Sobald ich mir ein Bild über die beteiligten Ich-Zustände, die Rollen und einige Skriptansätze gemacht habe, kann ich beide unterbrechen und konkrete Information einholen, die beiden KINDERN hilft, ihre Streiterei zu beenden und in liebevolleren Umgang miteinander zu ändern, wenn sie wollen. Danach fühlen sich die meisten Patienten (= Leidenden) erleichtert.

Ein Paar kommt zerstritten und verzweifelt zur Beratung. Beide kämpfen mit den Tränen. Da war also wirklich Weinen und Klagen. Er – ein gestandener Geschäftsmann – bezichtigt sie lautstark der übermäßigen Kontrolle und Einschränkung seiner persönlichen Freiheit. „... ich würde gerne mal etwas spazierengehen, aber *die* läßt mich nicht ..." „Das stimmt überhaupt nicht ...", muß sie folgerichtig protestieren, und der Zank schwillt an. Warum? – Eine alte Erfahrung der Seelenheilkunde besagt, daß es meistens umgekehrt ist als von den Betroffenen dargestellt: Hunde, die viel bellen, bzw. Menschen mit solchem Seelenlärm verstecken darunter ein leidendes, hilfloses KIND, das sie vor soundso vielen Jahren einmal ganz konkret waren. – Ich analysiere also weiter „nach vorne" und schaue, was vor dem „Wechsel" los war. Dieses Paar fragte ich, warum es geheiratet hat (um etwas über ihre/die verdeckte Ebene zu erfahren). Bei den Antworten beider kristallisierte sich die Frau als überbehütende „Mama" heraus, die immer jemanden versorgen „muß", während er sich als kleiner Junge entpuppte, der „panische Angst davor hat, allein gelassen zu werden" und sich folglich klugerweise eine solche allgegenwärtige Mama ausgesucht hat.

Hier wird das symbiotische Ineinanderhaken zweier sich ergänzender Skriptthemen deutlich: Kleines Bübchen braucht große Mama und umgekehrt. Das geschieht auf der verdeckten Ebene und beinhaltet zugleich den geheimen Ehevertrag [17] dieses Paares, in dem es um Versorgen und Versorgtwerden geht. Jeder Topf findet seinen Deckel!

Das von rückwärts aufgezeigte Psychospiel läßt sich auch mit dem Symbiosemodell (siehe nächstes Kapitel) veranschaulichen, das hauptsächlich auf die sich verzahnenden Skriptanteile zweier Partner abzielt, und weiterhin mit dem Dramadreieck [36], das besonders die verschiedenen Rollen und den Wechsel innerhalb dieser hervorhebt: Er sucht als *Opfer* eine Versorgung für sein darbendes KIND und findet in ihr den RETTER. Jetzt, da sie die Retterrolle übernimmt und für ihn sorgt, könnten die beiden doch Frieden halten; aber nein, er wechselt in den *Verfolger* und wirft ihr genau das vor, was er ursprünglich von ihr ersehnte, ja weswegen er sich überhaupt mit ihr eingelassen, mit ihr Hochzeit gefeiert hat. – So können wir uns mit solchen verflixten Psychospielen und ihren Wechseln von der hohen Zeit der Verliebtheit schnell in die tiefe Zeit des Streites katapultieren.

Da viele der beschriebenen Vorgänge unbewußt ablaufen, können wir uns nicht immer selbst helfen. Wenn wir an unseren eigenen blinden Fleck gelangen – das merken wir z. B. an unfruchtbarem Zank und Ärger –, so können wir um professionelle Hilfe nachsuchen, auch wenn uns der kritische Zensor in uns oder von außerhalb mit Parolen behämmert wie: Reiß dich zusammen; laß dich nicht so hängen; sei ein Mann; stell dich nicht so an; hör endlich auf zu heulen usw.

Gute Therapeut(inn)en können als Dolmetscher zwischen zerstrittenen Paaren wirken, indem sie den einzelnen helfen, sich verständlich zu machen und auch dem anderen zuzuhören. Der Erfolg ist manchmal verblüffend: statt das Eigenfremde im anderen zu bekämpfen, kann ich es zum Vorbild für meine Eigenentwicklung nehmen.

Wie wäre es, die oft noch verfemte Psychotherapie einmal aus dem verlockenden Blickwinkel der eigenen Persönlichkeitsreifung zu sehen und zur Heilung für unseren eigenen Seelenwundbrand einzusetzen?

Es gibt genügend Kritik an fragwürdigen Psychopraktiken.

So klagte ein Paar: „Wir glaubten lange Zeit, eine gute, ja glückliche Ehe zu führen, bis wir jenen Kurs mitmachten, in dem ich so viele nichtgelebte Seiten kennenlernte. Jetzt habe ich den Drang nach Selbstverwirklichung, die Familie gibt mir nichts mehr, wir sind beide unglücklich." – Verheißungsvolle Glücksbringer können ethische Normen aushöhlen und – ebenso die Werbung – Wünsche erwecken, die mir bislang unwesentlich schienen.

„Wem kann man denn vertrauen und wem nicht?" werde ich öfters gefragt. Seriöse Psychotherapeut(inn)en machen keine marktschreierische Reklame für sich, für sie spricht am ehesten die Mundpropaganda. Vielversprechende Annoncen in Zeitschriften sind mit Vorsicht zu genießen. Psychologische Beratungsstellen wissen über den regionalen Psychomarkt am ehesten Bescheid, ebenso aufgeschlossene Hausärzte.

Neben der Wahl der Person, die für vertrauenswürdig befunden werden soll, verlangt oft die Wahl der Methode eine weitere schwere Entscheidung. Da es viele Psychotherapieformen gibt, ist keine die alleinseligmachende. Jede kann idealisiert oder lustig karikiert werden: So wird man in der TA mit Etiketten, Amerikanismen und platten Floskeln eingekreist, bei der Verhaltenstherapie zum Laboratoriumstierchen degradiert. Psychodramatiker üben stundenlang den letzten Akt einer Lebenstragödie, Gesprächstherapeuten sprechen nach wie ein Papagei (echolalieren), Gestalttherapeuten fühlen nur im Hier und Jetzt, Jungianer fantasieren in fantastischen Märchenwelten, andere spielen den ganzen Tag im Sandkasten. Urschreier brüllen sich heiser, und bei den alten Freudianern betreibt man einsame Seelenarchäologie und freut sich über das erste vielversprechende Hmhm nach vielen Stunden des Schweigens. Mit anderen Worten: die Stärke einer Methode kann schnell in ihre Schwäche abgleiten. Darauf beruhen die unzähligen Witze in unserem Fachgebiet, die schon manchem Verzweifelten wieder ein erstes Schmunzeln abgewonnen haben als Zeichen einer anderen, heiteren Sichtweise im Vergleich zu der so düsteren bisherigen. Lachen, solange es nicht auf meine oder anderer Kosten geht (= Galgenlachen), ist immer noch die beste Medizin [18]. Weinen und Lachen liegen freundschaftlich beieinander und bezeugen uns, daß unsere Seelen noch schwingungsfähig, lebendig sind: „In meiner zweiten Ehe wollte ich nicht wieder scheitern, deswegen habe ich mich in jeder Hinsicht angepaßt, dabei verlor ich mich selber. Nachdem ich wieder das Lachen gelernt habe, kann ich auch das Weinen zulassen und reagiere auch spontaner, und vor allem es klappt mit unserer Partnerschaft viel besser."

Eine solche freudige Aussage am Schluß einer Therapie ist leider nicht die Regel. Ist das Kind erst in den Brunnen gefallen, bringen wir es aus dieser Tiefe nur selten unbeschadet wieder in die Höhe. Deswegen möchte ich die Leser/innen zum Vorbeugen ermutigen, das ja bekanntlich besser ist als Heilen. Das in diesen Kapiteln Beschriebene mag vielen sehr einfach, ja sogar trivial erscheinen, doch warum *tun* es dann so wenige? Schließlich kann es uns zu einem liebevolleren Umgehen miteinander verhelfen und somit auch zu Frieden, der in der kleinsten Zelle einer Gesellschaft beginnt – dem Paar. Ein Wunsch von mir ist es noch, diese Vorsorge einfließen zu lassen in den schönen katholischen Brauch der Brautleutetage. Ein solcher Kurs für Brautleute könnte allen angeboten werden, unabhängig von ihrer Religionszugehörigkeit. Er würde das unzählige Leid zwar nicht aus der Welt schaffen, aber wenigstens dem einen oder der anderen helfen, unausbleibliche Zwistigkeiten in der Familie friedlich beizulegen. Das wäre für das neue Zeitalter des Wassermanns, das auch schon das Zeitalter der Beziehungen genannt wird, eine vornehme Aufgabe.

Ich bedanke mich bei den Paaren und Paarhälften aus meinem Patienten- und Bekanntenkreis. Sie sind die eigentlichen Autoren dieses Büchleins.

Ein Herz und eine Seele

In diesem Ideal einer Verschmelzung liegt bereits die Wurzel häufigen Liebesleids: da die Partner sich gegenseitig gefangenhalten und keiner mehr eigene Wünsche haben darf oder kann, währt dieses „himmlische Ergötzen" nur kurze Zeit. Denn schließlich müssen beide sich ein Herz teilen! Die Schattenseite der Verschmelzung oder Symbiose [40] wird von beiden Partnern anfänglich ausgeblendet, obwohl sie sie wahrnehmen könnten. Dies beschreibt sehr anschaulich ein viel zitiertes und die geheime Sehnsucht vieler Liebender ausdrückendes Gedicht aus dem Mittelalter:

> Ich bin dein und du bist mein,
> dessen sollst du gewiß sein.
> Du bist beschlossen in meinem Herzen,
> verloren ist das Schlüsselein,
> du mußt immer drinne sein.

Wer sich nicht ausschließlich der schlichten Schönheit dieses Versleins hingibt, wird bei sich ein leises Gefühl des Unbehagens wahrnehmen; denn die Schattenseite ist ebenfalls wahrnehmbar: Eingeschlossen auf Lebenszeit.

Adam, ein stattlicher, intelligenter Anwalt, wirkt durch seine kluge Besonnenheit, sein Vertrauen wie die Ruhe selbst, nichts kann ihn erschüttern, nicht einmal seine Verliebtheit in Eva, eine attraktive, lebensfrohe Kollegin. In ihrer Leichtfüßigkeit scheint sie durchs Leben zu tanzen. Sie wirkt auf ihn faszinierend in ihrer schillernden Buntheit von Mode, geschmeidiger Körpersprache und beredter Mimik. Sie strahlt, wenn sie Publikum um sich weiß. Sie verliebte sich in Adam, ihren „Fels in der Brandung". Beide erlebten eine schöne Zeit der Verliebtheit, in der Adam sein Leben faszinierender, anregender und unterhaltsamer fand und Eva ihre geheimen Wünsche nach Geborgenheit, Anlehnen und Sicherheit erfüllt sah. Nach dem Motto: „Gegensätze ziehen sich an" lebten sie eine sich ergänzende (komplementäre) Symbiose. Nach ihrer Hoch-Zeit erlebten beide sehr schnell ein böses Erwachen aus ihren schönen Träumen, die hauptsächlich durch die Idealisierung des anderen und seiner bei sich selbst nicht erlebten Eigenschaften genährt wurde. Jetzt erlebten sie etwas Verrücktes: sie begannen sich gegenseitig das vorzuwerfen, was sie zuvor am Partner so angehimmelt hatten. Eva schalt ihn einen sturen Bock, Dickkopf und langweilige Tranfunzel, Adam beschimpfte sie als hysterische Xanthippe, der ihre aushäusige Vergnügungssucht wichtiger sei als ihre Mutterpflichten.

Völlig verzweifelt kamen diese beiden intelligenten und tüchtigen Menschen zur Beratung: „Damals war alles so stimmig zwischen uns, wir haben es ehrlich miteinander gemeint, als wir unsere schöne Zukunft miteinander aufbauten. Und jetzt können wir uns nicht ausstehen, das Leben ist zur Qual geworden."

Was beiden gemeinsam ist: sie haben in ihrer seelischen Entwicklung einen Teil von sich ausgegrenzt, in den Schatten gedrängt. Dieses Nicht-Gelebte vermißten sie erstmals dann, als sie es bei jemand anderem zur scheinbaren Vollkommenheit entwickelt sahen: Von diesem Glanz möchte ich etwas. „Wie schön, wenn ich – Eva – mein flatteriges Schmetterlingsdasein mit etwas Ruhe ergänzen könnte." „Wenn ich – Adam – doch meinen schwerfälligen Gleichmut mit einigen Farbtupfern aufhellen und lebendiger machen könnte." Und beide benutzten den andern, um sich zu vervollkommnen zu einem Herzen. Natürlich ist ihnen das nicht bewußt.

Beide begannen in der Therapie, ihren ausgegrenzten Persönlichkeitsanteil näher anzuschauen, ihn schätzen zu lernen und wieder zu eigen zu nehmen. Und sie spürten, wie sie allmählich an Kraft und Selbstwertgefühl gewannen, von dem beide bislang glaubten, sie hätten genügend. Jetzt erst konnten sie eine alte Erfahrung verstehen und nachempfinden: Wer seine Negativität verdrängt, verleugnet, verliert an Würde.

Adam erhob sich öfters aus seinem Sessel, um mit seiner Frau auszugehen, er begeisterte sich zunehmend für das bunte Leben der Theaterwelt und des geselligen Beisammenseins, ohne diese Seite in sich als negativ, als „überdrehtes Gehabe" oder „hysterisch" abzuwerten. Er lebte auf.

Eva konnte sich für einen stillen Abend über einem Buch erwärmen und genoß mit ihrem Mann eine ruhige Zweisamkeit, ohne sich oder ihn zu langweilen. Beide verspürten sie auch Lust, mit ihren Kindern zu spielen und brachten sie jetzt gemeinsam oder auch abwechselnd zu Bett. – Es scheint noch einmal gut gegangen zu sein. Die Störung wurde rechtzeitig behoben, und sie saß noch nicht zu tief. Vor allem aber: beide wollten!

Gegensatz-Paare mit Wünschen nach Ergänzung sind sehr häufig auch in der Literatur jeder Güteklasse zu finden; z. B. schreibt Fontane in „Vor dem Sturm": „Den Charakter zieht es zur Fantasie ... so werd ich denn lieblos durch dieses Leben gehen; denn nur *die* Seite des Daseins, die mir fehlt, hat Reiz für mich und zieht mich an. Und so ist mein Los beschlossen. Trag ich es; nicht weil ich muß, auch weil ich *will*. Tue was dir geziemt. Aber ich hatte es mir schöner geträumt, auch heute noch." – Aus diesem seinem Traum wäre der hier abgewiesene Freier ebenso schnell erwacht wie das eben geschilderte Paar, wenn seine Angebetete ihn erhört hätte. Doch diese (Marie) war intuitiv und klug genug, ihr „Herz für ihn nicht sprechen zu lassen".

Ein weiteres Thema von Gegensatz-Paaren ist: Fühlen – Denken. So schildert eine junge Frau ihre Ehe anschaulich: „Du denkst für mich, ich fühle für dich." Praktisch sieht das so aus, daß sie sich „ihm gegenüber konfus macht". Aus diesen ihren „Gefühlsäußerungen" soll er erraten, was sie will. Natürlich kann dieses Gedankenlesen niemand. Er probiert es immer wieder und reagiert prompt falsch (= ihren Vorstellungen nicht entsprechend). Das benutzt sie zur Bestätigung ihres Skriptglaubens: „Männer sind lieblos, und mich mag sowieso keiner."

Ein patenter Diplom-Physiker ist stolz auf sein klares, logisches Denken. Körperliche Empfindungen oder gar Gefühle läßt er nicht gelten, „da sie nicht meßbar und wissenschaftlich überprüfbar sind. Überhaupt, wenn die Menschen ihre Emotionen wegließen und lieber ihren Verstand gebräuchten, wären manche Probleme längst gelöst". Auf sein eigenes Problem hingewiesen, fuhr er kleinlaut fort: „Was glauben Sie, was mich das für Überwindung gekostet hat, zu Ihnen in Beratung zu kommen." Seine Frau ist eine sensible Künstlernatur, sehr belesen, Lachen und Weinen gehen manchmal unmerklich ineinander über. Und wenn sie auf Denken angesprochen wird, reagiert sie: „Ich fühle mich ... nicht verstanden, verletzt, übergangen." Wird hingegen er auf Fühlen angesprochen, antwortet er mit Denken und merkt nicht, daß er fühlt, z. B. wütend wird. Keiner von beiden verstand des andern Sprache, weil jeder in seinem Beziehungskanal verhaftet blieb. Dieser Mann, der mit seiner Frau bisher nicht zu diskutieren wußte, „weil sie immer emotional reagierte", brachte nach einem halben Jahr Therapie folgenden Traum: „Mitten auf einem großen Friedhof liegt ein überdimensionaler, männlicher Kopf, ohne Rumpf, gut erhalten. Rechts im Hintergrund ein zur Seite gefallenes oder geneigtes Kreuz, aus dem ein großes grünes Blatt sprießt. Links reckt sich eine aufgeringelte Schlange hoch hinaus." Da dem Träumer spontan nichts einfiel (mit der Wiedergeburtsthematik konnte er nichts anfangen), brachte ich ihn in einen (nach dem Hexeninterview [38]) gelenkten Dialog zwischen Kopf und Schlange, die er gefühlsmäßig am stärksten besetzt hatte. Dadurch fand er die ihm gemäßen Bedeutungen selbst heraus. Danach lud ich ihn ein, nun sein Traumbild von links nach rechts wie eine Geschichte zu lesen, was er mit sichtlicher Bewegung tat: „... Die erdverbundene, natürliche Klugheit/Weisheit (Schlange) übertrifft den aufgeblähten Intellekt (Kopf), ohne ihn zu töten, und altes Holz (Kreuz) ergrünt zum Baum." – Welch treffliche Aussage für unser aller aktuelles Problem!

Bedeutungsvoll an diesem Traumbild auch das Kreuz, das (mit vier gleich langen Armen) ein uraltes Symbol der Ganzheit ist. Es liegt jedem Mandala zugrunde sowie vielen Blumen (Kreuzblütler) und Tiertarnmustern (Kreuzspinne, Kreuzotter). Erst frühe Kirchenväter haben das Kreuz aus seiner Mitte weg nach oben zum Intellekt hin verrückt. Und die zunehmende Neurotisierung in unserem Kulturkreis liegt u. a. an dieser Überbetonung des Intellekts.

In den beiden bisherigen Paarkonstellationen ist die geschilderte Geschlechtsverteilung nicht zufällig. Unabhängig von der

Geschlechterrolle in unserer Gesellschaft sind Frauen im allgemeinen intuitiver, gefühlvoller, beziehungsfreudiger und lassen sich eher anrühren als Männer. Deswegen haben wir es in unserem psychotherapeutischen Beruf auch mehr mit Frauen zu tun; denn viele Männer halten „Psycho ... für Quatsch". Hingegen in der nächsten Paar-Polarität können beide Geschlechter auch beide Positionen besetzen: a) Kleines Mädchen/Heimchen – großer Papa/Chef bzw. b) Mama – Bübchen.

a) Diese Paarthematik kann in Heiratsanzeigen so ausgedrückt werden: „Anlehnungsbedürftige Frau ersehnt nach großer Enttäuschung standhaften Mann für Lebensbund" bzw. „Erfolgreicher Geschäftsmann sucht nettes Mädchen zum Verwöhnen". Hier sind die „typischen Klischeefrauen" zu finden als aufgemachte Puppen in ihrer gepuderten Ausdruckslosigkeit. Sie zieren sich, spielen dumm und hilflos, himmeln ihren Pascha an und sind ihm (fast) stets zu Willen. Sie äußern keine eigene Meinung und verbreiten eine schöne Gleichmut (belle indifference).

Der Mann hingegen übernimmt den Gegenpart als großer Retter und Macher, Chauvi, Alleswisser bis hin zur Großmannssucht. Er möchte das letzte Wort haben. Er ist der „Karrieretyp", der eine Frau zum Vorzeigen braucht, weswegen er sie oft im „goldenen Käfig" hält – und sie läßt es mit sich machen. Bis es eines Tages aus ihr herausbricht, als Zeichen, daß sie noch lebt und fühlt. Dann „steigt sie aus", verhält sich ihrem Mann gegenüber aggressiv, hat einen Freund, den sie „wirklich liebt" und ist mit einer kleinen Wohnung ohne Pomp und Luxus viel zufriedener. Und er ist „am Boden zerstört, habe ich ihr doch alles gegeben ...". – Nein, eben nicht; z.B. keine Zeit oder Zärtlichkeit, also etwas, was jedermann und jede Frau unabhängig von Bildung, Verdienst und sozialer Stellung kostenlos geben und annehmen kann und sich im Grunde des Herzens sehnlichst wünscht.

b) In der Mama-Bübchen-Beziehung hingegen hat „sie die Hosen an". Sie bestimmt über ihn in kontrollierender oder überbehütender Weise. Sie „nimmt ihn nicht für voll", traut ihm nichts zu und hält ihn klein aus dem eigenen Bedürfnis heraus, den Ton angeben zu wollen. Als groteskes Beispiel fesselt Brunhilde in ihrer Hochzeitsnacht ihren Bräutigam Gunther und hängt ihn an einen Nagel.

Der Mann hingegen gibt sich als Hänfling, als selbstunsicheres Männchen, das keine eigene Meinung zu vertreten wagt, duckmäusert und sich anderen, insbesondere seiner Mama-Frau, willfährig zeigt. Als Paar sind sie oft Gegenstand der Nudelrollen-Witze. Die Spielarten der ergänzenden Symbiose lassen sich gut veranschaulichen mit einem Wetterhäuschen: Wenn sie draußen steht, versteckt er sich im Innern und umgekehrt. Wenn er aufsteht, geht sie schlafen. – Würde eine(r) von beiden etwas ändern, funktionierte das System (Wetterhäuschen) nicht mehr. Sinn einer solchen ergänzenden Symbiose ist letztlich, mit der/dem anderen zu einer vermeintlichen Ganzheit zu verschmelzen, sein Ich im Du aufzuheben. Erst später merkt einer oder beide, daß sie dadurch ihr Ich auch aufgehoben haben. Der Doppelsinn von „aufheben" verdeutlicht die unterschiedlichen Sichtweisen (Bezugsrahmen) sehr anschaulich [40].

Bezugsrahmen nennen wir die Gesamtheit aller erworbenen Einstellungen über mich, die andern und die Umwelt. Es gibt etwa so viele Bezugsrahmen wie Menschen. Jeder versucht nun, das von einem anderen Gesagte oder Getane seinem eigenen Bezugsrahmen anzupassen, was zu leichten oder schweren Mißverständnissen führen kann: Der versteht mich nicht. – Der hört nur, was er hören will. – Wir reden aneinander vorbei. – Damit ist eine Symbiose zwischen diesen Partnern hergestellt. Der die Symbiose auslösende Mechanismus ist das nicht wahrgenommene Ausblenden (discount) von Persönlichkeitsanteilen (Ich-Zuständen) in meinem Bezugsrahmen und/oder in dem des anderen. Da beide sich um irgendwelche Aspekte ihres Bezugsrahmens rangeln, wird das anstehende Problem, z. B. sich einigen, wer jetzt was tut, nicht gelöst. Daher nennen wir dieses Verhalten passiv [40, 36]. Solches passive bzw. symbiotische Verhalten ist äußerlich erkennbar an Umdeutungen (Redefinition), wie aneinander vorbeireden, sich die Worte im Mund rumdrehen. – Sie redet von Gurken, er von Äpfeln. – Streitpaare haben es hierin zu betrüblicher Meisterschaft gebracht. Aber auch Witze und Wortspielereien mit Doppeldeutigkeiten passen in dieses Muster der Umdeutungen, z. B.: Alles geht in der Welt natürlich zu; nur meine Hose geht natürlich nicht zu (H. Erhardt).

Wenn einer die ergänzende (komplementäre) Rolle verweigert und die gleiche Rolle wie der Partner anstrebt, dann sprechen wir Transaktionsanalytiker von einer konkurrierenden Symbiose [40]: entweder streiten sich beide um die KIND-Position, aus der heraus sie den anderen in die elterliche Fürsorge drängen wollen, um versorgt zu werden, also „Nehmer" zu sein, oder sie kämpfen um die ELTERN-Position von der aus sie den anderen ins KIND zwingen wollen, um selbst die Versorgerrolle ausüben zu dürfen, „Geber" zu sein.

Die konkurrierende Symbiose ist nicht stabil und wird bald wieder in eine komplementäre kippen; insbesondere dann, wenn der „Klügere nachgibt" und somit dem „Dümmeren" die Vorherrschaft überläßt. Innerhalb der konkurrierenden Symbiose streiten Partner am häufigsten um die KIND-Position: Ich bin bedürftiger, und du sollst für mich sorgen. „Wenn du mich lieben würdest, wüßtest du, was ich jetzt brauche!" – Es ist nicht schwer, sich vorzustellen, was passiert, wenn dieses um die KIND-Position streitende Paar leibliche Kinder kriegt ...

Da beide zugleich sehr bedürftig sind und beide sich weigern, den fürsorglichen Ich-Anteil für den anderen zu besetzen, kommt es zu den allfälligen Streitereien: „Du bist schuld ..." „Nein, du bist schuld ..." Bei den alltäglichen Zänkereien übersehen die beiden ihren geheimen (= nicht bewußten) Beziehungsvertrag [17]. Ein solcher wird meistens (vielleicht sogar immer) neben dem bewußten, ER-mäßigen Ehevertrag geschlossen. In ihm wird u. a. festgelegt, wer welche Rolle spielen darf und welchen Nutzeffekt [4, 36] er daraus zieht.

Ein solcher „Gewinn" kann z. B. lauten: „Ich Ärmster". Für diese Opferrolle erhält der Betreffende wahrscheinlich einige künstliche Streicheleinheiten, wenn der Partner in die Retterrolle geht mit dem Gewinn des Gebrauchtwerdens. Wenn nicht, wird das Opfer etwas härter „spielen", z. B.: „Von mir, der ich solch eine schlimme Kindheit gehabt habe, kannst du doch nicht verlangen, daß ich ..." Stellt der Partner jetzt aber den gleichen Anspruch auf Versorgung, so finden sich beide „Holzbein"-Spieler [4] in einer um ihre KIND-Bedürfnisse konkurrierenden Symbiose gefangen: „Ich bin kränker als du!" Wahrscheinlich wird dann einer von beiden aus der Opferrolle in den Verfolger wechseln, um dem anderen „gehörig die Meinung zu geigen". Das wird der sich wiederum nicht lange gefallen lassen und nun seinerseits die Rolle wechseln, und so tanzen beide in dem bekannten Dramadreieck [36].

Manchmal sieht eine konkurrierende Symbiose auch weniger dramatisch aus, z. B. bei dem Paar AB Sonntag morgens. A: Ist es Zeit zum Aufstehen? B: Ich glaube schon. A: Ich bin aber noch so müde. B: Ich auch. A: Machst du das Frühstück? B: Mach du es doch, ich hab es gestern gemacht. A: Ich bin aber später ins Bett gekommen als du. B: Und ich habe einen dicken Kopf. A: Dafür habe ich ... usw. Beide können jetzt zu einem handfesten Streit eskalieren oder sich weiter so die Zeit vertreiben ... Und wenn sie nicht gefrühstückt haben, liegen sie heute noch im Bett.

Also steigen wir aus der Symbiose aus, wird oft eilfertig gesagt. Doch Symbiosebande sind stark wie Schiffstaue; zumal wenn bei Paaren entsprechende Leitsätze (aus ihrem Skript) lauten: Wenn du nicht tust, was ich will, werde ich dich nicht lieben. Oder: Ich liebe dich, weil ich dich brauche. Oder ganz erpresserisch: Wenn du nicht tust, was ich will, werde ich leiden, und du bist schuld! – Der Froschkönig [21] veranschaulicht diese gegenseitige Abhängigkeit sehr deutlich.

Bevor wir zu der letzten Form krankhafter Symbiosen, der „verkehrten" Symbiose, kommen, sei erwähnt, daß es auch eine durchaus positive gibt, nämlich die funktionale Symbiose. In ihr einigen Partner sich vernünftig über Dinge, die getan werden müssen, damit das System Partnerschaft, Familie oder Betrieb funktioniert. Z. B. besorgt A den Haushalt, während B für den Garten zuständig ist. Natürlich können beide sich auch einmal helfen. Diese Symbiose funktioniert nicht, wenn die Aufgaben ungerecht verteilt sind, also A nur die angenehmen, B die unangenehmen Arbeiten verrichtet, wie z. B. in dem bekannten Spruch: Ich verdiene das Geld, und du gibst es aus.

Ob nun eine konkurrierende oder eine komplementäre Symbiose vorliegt, eine befriedigende Erklärung für die nervtötenden Zankereien von Streitpaaren liefern beide nicht. In der Praxis sehen wir, daß beide Formen von Symbiose letztlich doch Abwehrverhalten darstellen, das tiefliegende alte Enttäuschungen und Verletzungen des KINDES versteckt. Streifen wir z. B. einem tyrannischen Angeber einmal sein aufgebauschtes Gewand ab, so sehen wir einen kleinen, hilflosen Jungen, dem eine viel zu große Pappkrone über beide Augen gerutscht ist und der mit seinem zarten Stimmchen piepst: „Ich bin der Größte, und ihr müßt tun, was ich sage!" Völlig verängstigt hungert er nach liebevoller Zuwendung. Erhält er diese und nimmt sie auch an, klappt die ganze Angeberei wie ein Kartenhaus zusammen. Und es erscheint jetzt ein liebenswerter Mann, dessen weich gewordenen Gesichtszügen wir ansehen können, daß er sich von der Zuwendung hat anrühren lassen.

Um dieses ursprüngliche KIND geht es uns in der Transaktionsanalyse in erster Linie. Und wir beobachten bei der Erkundung des Lebensplanes (Skriptanalyse [6]) immer wieder, daß lange bevor die geschilderten Symbioseformen zum Tragen kommen, dieses unser KIND aus einer Not heraus die Beschützerrolle einem wichtigen Elternteil gegenüber (meist der Mutter) eingenommen hat. Diese verkehrte (inverse) Symbiose [40] ist dadurch gekennzeichnet, daß das kleine Kind seinen noch unreifen fürsorglichen Anteil (EL 1) einsetzt, um das bedürftige KIND seiner Mutter zu versorgen, die das zur Zeit selbst nicht tut, z. B. weil sie krank ist, Kummer hat oder sonst irgendwie unter Zuwendungsmangel leidet. Kinder, die ja noch sehr intuitiv sind, spüren die Unzulänglichkeit ihrer wichtigsten Bezugsperson sehr schnell und schlußfolgern (mit ihrem kleinen Professor bzw. ihrer kleinen Professorin) glasklar: „Wenn es Mami schlecht geht, kann sie nicht für mich sorgen, und das ist für mein Überleben gefährlich, also kümmere ich mich um Mami, damit sie wieder für mich dasein kann."

Wir alle können uns an die besorgten Gedanken erinnern, die wir uns als Kinder (manche auch als Erwachsene noch) gemacht haben, wenn Mutti schlecht gelaunt war oder über Tage nicht mit uns gesprochen hat. Wie bedrohlich empfanden wir dieses Nicht-Beachtetwerden, und was haben wir alles unternommen, welche Anpassungsstrategien haben wir in unseren kleinen Kinderköpfen ausgebrütet, nur damit Mutti uns wieder die lebensnotwendige Zuwendung gab. Und welche Erleichterung, wenn nach unserem Buhlen um Muttis Gunst endlich wieder der erste Blick, das erste Wort oder gar das erste Lächeln an uns gerichtet wurde. Dann schien uns die Welt wieder in Ordnung zu sein, und darüber „vergaßen" wir völlig, daß das KIND in uns Kindern leer ausgegangen ist, daß da ein unbestimmtes, nicht gestilltes Sehnen zurückbleibt, das – ohne uns bewußt zu sein – nach Erfüllung drängen wird, z. B. bei einem eventuellen Ehepartner. Ist ein solches Kind jetzt erwachsen geworden, wird es – unbewußt (ohne Wissen des ER) – seine Partnersuche ganz stark von diesem unerfüllten Sehnen seines nach Zuwendung hungernden natürlichen KINDES bestimmen lassen. Es wird mit all seinem Hoffen, Trachten und Streben nach Partnern forschen, die seine ureigensten Bedürfnisse zu erfüllen verheißen. Um das besser zu bewerkstelligen, befleißigt es sich nämlich dieser gleichen Anpassungsstrategie, die ihm seit frühauf vertraut ist. Diese Anpassung besteht heute darin, sich den vielversprechenden Schein einer strahlenden, attraktiven Frau oder eines blendenden, attraktiven Mannes zu geben und somit eine scheinbare Symbiose aus ihren unreifen ELTERN-Elementen (EL 1) anzubieten, in der Hoffnung, auf diese Weise jemanden zur Befriedigung der symbiotischen Wünsche aus dem eigenen KIND nach Versorgung, Spiegelung und Verschmelzung gewinnen zu können. Welch fatales Unterfangen! Da sagte z. B. ein Adam zu seiner Eva fortwährend: „Ich liebe dich", ohne es jedoch selbst zu spüren, bloß weil er es einmal von ihr hören wollte, was natürlich nicht geschah –. Ein anderer Adam lief seiner Auserkorenen so lange hinterher, bis er endlich erhört wurde; diese Eva legte sich in ihrem klugen Köpfchen zurecht: „Wenn er sich so um mich bemüht, muß er mich doch lieben", obwohl sie keineswegs Liebe fühlte. – Eine andere Eva putzt sich so heraus, daß viele Männer sie umschwärmen. Das gibt ihr Selbstvertrauen – meint sie. Schwärmen die Freier einmal nicht, fällt sie in ihr „depressives Loch". – Jeder von uns möchte erst einmal gefallen.

Die Hoffnung auf Erfüllung geheimster Wünsche ist so stark, daß sie eine enorme Energiequelle darstellt und fast schon hypnotisch wirken kann: „Diesmal muß es einfach klappen!"

Dementsprechend werden deutliche Warnzeichen ausgeblendet, die die Fantasie über die Beziehung stören oder gar vereiteln wie z. B.: rücksichtslose Verhaltensweisen, abwertende Redensarten, stereotype Angewohnheiten, rigide Ansichten oder sonstige Mucken und Macken, wie wir alle sie von uns kennen.

Lebten die Partner nun einige Zeit zusammen, so wird ihnen die (zunächst unbewußte) Täuschung offenkundig. Die Betreffenden fühlen sich hinsichtlich ihrer Beziehungsfantasie maßlos enttäuscht und betrogen. Damit ist der Boden für die gegenseitigen wütenden Schuldzuweisungen bereitet. Der ganze Schmerz bricht jetzt aus dem verletzten Innersten heraus. „Du gemeiner Schuft, jetzt erst zeigst du dein wahres Gesicht..."

Die aufgrund der erlittenen Kränkung ausgefochtenen Attacken werden noch gesteigert – oft bis zu üblen Handgreiflichkeiten, weil sich die Partner immer noch in der übermächtigen Hoffnung verfangen glauben: „Der andere kann mich aus meinem Dilemma befreien – mich erlösen."

Beide werden sich daraufhin in Drittpersonen Verbündete gegen den vermeintlichen Betrüger suchen, was wir in TA das Gerichtssaalspiel nennen: „Sag du ihm mal, wie sehr er mich verletzt hat."

Destruktive Kritik kränkt; nicht nur in der Partnerschaft, sondern in allen zwischenmenschlichen Beziehungen bis hinauf in die hohe Politik. Auch dort hören die Menschen nicht aufeinander, sondern beschimpfen sich, bis sie so gekränkt reagieren, daß sie lieber in den Krieg ziehen, andere umbringen und selber lieber sterben als einzulenken. Sie glauben, sich selbst nicht mehr achten zu können, wenn sie nachgeben.

Die Kunst guter Therapeut(inn)en besteht darin, die Partner zu lehren, ihre Kritik so zu fassen und mitzuteilen, daß der andere stimuliert wird zum Wachstum und zur Veränderung und sie zu schulen, hinzuhören, was der andere sagen will, ohne sich zu verteidigen oder verletzt zurückzuschlagen oder dem anderen noch mehr Vorwürfe zu machen. Somit können beide Partner lernen, kritikfähig zu werden, ja Kritik sogar als einen Liebesdienst anzusehen.

Ich bin also immer auch verantwortlich dafür, wie der andere mir begegnen kann, und jedes Beziehungsverhalten des einzelnen ist zugleich Ausdruck von beidem. Je mehr wir uns zugestehen, eigenständige Persönlichkeiten zu sein, die in das System „Wir" eingebunden sind, um so echter nehmen wir auch an dem teil, was der andere uns sagt, und um so fruchtbarer können wir uns kritisch miteinander auseinandersetzen und so schließlich einen gewinnbringenden Beziehungsverlauf (Prozeß) eingehen.

Sich einem solchen Prozeß hinzugeben bedeutet auch Risiko und Gefahr. Wir haben Angst, ausgebeutet zu werden und sind zurückhaltend mit dem Einbringen unserer innersten Erlebniswelt. Deswegen möchten wir uns ständig absichern und uns nicht verbindlich in Prozesse einlassen, weil wir über deren Ausgang unsicher sind. Also bleiben wir mit einem Fuß außerhalb der Beziehung oder verhalten uns so, daß wir mit möglichst wenig Verletzung immer wieder aussteigen können. Wenn dieses Mißtrauen auf beiden Seiten besteht, wird es sich gegenseitig verstärken. Jeder wird dann nur noch darauf achten, ob der andere ebensoviel investiert in die Beziehung wie ich, so daß er mit mindestens soviel Verletzungen daraus hervorgehen würde wie ich. Aus letzterem tönt der als Triumph erlebte Lustgewinn von Streitpaaren. Solches Mißtrauen blockiert jede Beziehung und läßt Innigkeit erst gar nicht entstehen.

Die Lösung besteht wirklich im Eingehen von Risiken und Sich-Eingeben in Prozesse wie überall im Leben, ohne die Gewähr auf Unversehrtheit. Doch dabei leben wir wenigstens, und Leben heißt auch: verletzt werden. Dafür finden wir aber in der Andersartigkeit des anderen die Chance, eine bereichernde Partnerschaft aufbauen zu können. Eigene Stärke kann ich erst am Widerstand entfalten, den mir der andere entgegensetzt. Eine tragfähige Partnerschaft setzt voraus, daß ich dem Partner zugestehe, daß er ein eigenes Zentrum von Verarbeitung und Verantwortung innerhalb unseres Beziehungsfeldes ist. Nur soweit ich ihm das einräume, kann auch ich ein eigenes Zentrum bilden. Hierin sehe ich einen goldenen Mittelweg für eine tragfähige Partnerschaft zwischen den Extremen der einkerkernden Symbiose einerseits und der Selbstverwirklichung ohne Rücksicht auf den Partner andererseits. E. Berne nennt das Autonomie: „... für einige glückliche Menschen gibt es etwas, das sich über alle systematischen Verhaltensweisen erhebt, und das ist die Bewußtheit; etwas, das mehr bedeutet als die Programmierung durch die Vergangenheit, und das ist die Spontaneität, und etwas, das lohnender ist als alle Psychospiele, und das ist die Innigkeit" [4].

In dem schönen Gedicht von Kürenberg – wiederum aus dem frühen Mittelalter – erlebt eine Frau ihre Gefühle von Sehnsucht, Strahlen, Spiegelung, Verschmelzung, Schmerz und Hoffnung, indem sie ihren Liebsten mit einem majestätischen Falken vergleicht:

> Ich zog mir einen Falken, länger als ein Jahr.
> Ich zähmte diesen Falken, weil er so lieb mir war.
> Doch als ich in sein Gefieder goldene Schnüre wand,
> erhob er sich in die Lüfte und flog in ein anderes Land.
> Seitdem seh ich den Falken hinfliegen über die Länder,
> am Fuße seidene Riemen, im Gefieder goldene Bänder.
> Dehnt er im Licht die Flügel, strahlt er im goldenen Schein
> Gott sende die zusammen, die gern beieinander wollen sein.

Keiner mag mich

... klagt eine junge Lehrerin. Sie wirkt dabei etwas hochnäsig, schnippisch und rechthaberisch. Gnadenlos beschimpft sie die Männer, jedoch nicht ohne eine gewisse Sehnsucht nach ihnen mitschwingen zu lassen. Mag diese Frau auch arrogant wirken, auf Männer vielleicht abstoßend, so beweist sie mit ihrem Wunsch nach Therapie seelische Beweglichkeit. Sie hat sich noch nicht in Maschen und Psychospielen [4] verfestigt. Ihr „kleines Mädchen" leidet, und sie sucht nach Hilfe. Diese lobenswerte Motivation ist besonders bei Lehrern lobenswert, da ich oftmals erlebe, daß Lehrer, die psychotherapeutische Hilfe in Anspruch nehmen, das Risiko eingehen, von ihren Vorgesetzten einschließlich vieler Schülereltern als minderwertig, geisteskrank, ja sogar schuluntauglich abgewertet zu werden bis hin zur Gefährdung ihres Beamtenverhältnisses. Gaby jedenfalls – so „zickig" sie anfänglich auch gewirkt haben mag – zeigte ein halbes Jahr später ihre liebenswerte Seite, durch die sie den Umgang mit anderen Menschen (nicht nur Männern) in freudige Begegnungen umgestaltet hat. Sie zeigte sich wißbegierig und lerneifrig.

Einige der häufigsten und einfachsten Grunderkenntnisse von Störungen in Partnerschaften werden im folgenden aufgezeigt. Darüber hinaus ist Gaby mit ihrem neu bewußt gewordenen Wissen über ihre innerseelischen Vorgänge schöpferisch tätig geworden und erlebt mit sich: Glück ist der Lohn vollbrachter Tat.

1. Die *Anfangsbegegnung* (Initialtransaktion) bestimmt oft schon die weitere Abfolge einer Partnerschaft. So treffen insbesondere junge Menschen zusammen, glauben felsenfest, füreinander bestimmt zu sein und ziehen zusammen oder heiraten gar.

Doch sehr bald beginnen die Zerwürfnisse, und beide spüren den immer drängenderen Wunsch, allein zu sein – ohne den andern. Damit wollen sie etwas nachholen, was sie zuvor ausgeblendet haben, nämlich, daß der Einzelne nach durchlaufener und meist durchlittener Pubertät, einschließlich der mit einigen Schmerzen verbundenen inneren Trennung von den Eltern, zunächst allein leben sollte. Denn in dieser Zeit können die Jugendlichen eine gewisse Selbst-Ständigkeit erlernen, die für ein späteres seelisches Wohlbefinden, vor allem aber zur Vermeidung einer krankhaften Partner-Symbiose, unerläßlich ist. Es ist dies die Zeit der „fahrenden Gesellen", in der Er-Fahrung gesammelt werden kann, Erfahrung im Beruf, in zwischenmenschlichen Beziehungen, anderen Kulturen und vor allem im eigenen Seelenleben mit seinen unzähligen Schattierungen, z. B. der Spannung zwischen Heimweh und Fernweh, Willkommen und Abschied, Freude und Leid, Liebe und Haß, Weiblichem und Männlichem, Leben und Tod.

Viele Märchen beschreiben diesen Prozeß der Entwicklung und Reifung zur Persönlichkeit (Individuation) sehr anschaulich in teils verschlüsselter Form: Bevor bzw. damit der Held seine Heldin findet, müssen beide erst hinauswandern ins Leben und bestimmte Aufgaben erfüllen, wie z. B. die berühmte blaue Blume finden. Welche Proben sie dabei oft leidvoll bestehen müssen, schildert eindrücklich die „Zauberflöte". Bevor Pamina und Tamino sich als Paar vereinen dürfen, müssen sie durch Entsagung, Feuer- und Wasserproben seelische Läuterung erlangen und somit ihre Tugenden unter Beweis stellen. Der spaßige Naturmensch Papageno hält nicht viel von solch hehren Idealen; er lebt lieber nach dem Motto: Wein, Weib und Gesang, und seine Papagena ist es zufrieden. Ihr Alltag wird später gleichmäßiger verlaufen: Essen, Schlafen, Kinderhaben, also das, was wir (in TA) das banale Skript [6] nennen. – Meistens erleben wir Anteile von beiden Paaren in uns. Ohne das eine wertvoller als das andere erachten zu wollen, sollten wir unsere Partner doch nach der Neigung auswählen, zu der wir tendieren. Eine frühere Freundin, die eher nach der Papagena lebte, holte mich gelegentlich auf den Boden der Tatsachen zurück, wenn ich mich in geistig-musische Sphären verzückte, indem sie spöttelte: „Schwebst du wieder mal in deinen Höhen?"

In sehr vielen gestörten Partnerschaften, die auf eine Trennung abzielen, bemerken wir das Fehlen dieses wichtigen Prozesses der Selbstfindung. Die Partner sind sich damals zugeflogen unter dem Motto: Nur schnell weg von zu Hause und es den Eltern zeigen, daß wir es besser machen werden. Dabei ist ihnen nicht bewußt, daß sie auf diese Weise das unglückliche Familienskript fortsetzen, dem sie doch eigentlich entfliehen wollten. Die Entscheidung trafen sie eben nicht aus einem reifen Persönlichkeitsanteil – wie sie ihn in jenen Wanderjahren hätten entwickeln können –, sondern aus Trotz (dem rebellischen KIND). Dies vermag keine tragfähige Entscheidungen zu treffen, da es sich letztlich doch nach den Eltern ausrichten muß, wenn auch mit umgekehrten Vorzeichen (Antiskript). Denn wenn ich gegen X rebellieren will, muß ich X genau kennen und beobachten; sonst könnte es mir passieren, daß ich zufällig einmal das gleiche tue oder denke wie X. Welch peinliche Übereinstimmung gäbe das!

Die Tendenz, vom Regen des Elternhauses in die Traufe der eigenen schwierigen Partnerschaft zu kommen, ist heute verbreiteter denn je. Mit der natürlicherweise früher eintretenden Pubertät, der Sexualaufklärung und der einfachen Empfängnisverhütung beginnen Jugendliche mit ersten „Beziehungen" schon wesentlich früher, gelegentlich unter sozialem Druck. Denn mancherorts gelten Jugendliche ohne „feste Beziehung" als nicht „in". Und Nicht-dazu-Gehören ist für das Adoleszentenalter beinahe soviel wie Verbannung. Oftmals tun sich zwei Jugendliche also nur aus fehlendem Selbstwertgefühl zusammen. Sie müssen die Kluft überwinden, einerseits geistig-seelisch noch recht unreif zu sein, und andererseits aber medizinisch-biologisch am einfachsten Kinder gebären zu können. In der Anfangsbegegnung, in der einer der Partner sich z. B. verweigert, liegt oftmals schon der Grundstein für spätere zerstörerische Streitereien. Er kann durch den Gebrauch aller unserer Sinne, vor allem aber durch das Hinhören auf unsere „innere Stimme", zumeist bald erkannt werden: Das in unserer Gesellschaft und im Tierreich gängigste Umwerbungsschema sieht ja so aus, daß er ihr solange nachläuft, bis er sie (rum)gekriegt hat, je nachdem wie artig und lange sie sich ziert: „Erst kommt ein Nein, dann ein Vielleicht und dann ein Ja, dann sind wir zwei ein Paar." Der sprachgewaltige Dichter weiß diese drei Stufen natürlich vortrefflich auszudrücken, indem er z. B. Gretchens „Nein" auf Fausts Anerbieten, sie nach Hause begleiten zu dürfen, in Versform bringt: „... bin weder Fräulein, weder schön, kann ungeleitet nach Hause gehn." Doch wenige Stunden später klingt das „Vielleicht" an: „... ich gäb' was drum, wenn ich nur wüßt', wer heut der Herr gewesen ist." Und etwas später schmachtet sie schon im vollen Ja: „... wo ich ihn nicht hab, ist mir das Grab." – In diesem letzten Wort auf dem Höhepunkt ihrer Liebesbeziehung klingt bereits die Endauszahlung an – ihr Tod.

Glücklicherweise enden die wenigsten Liebesbeziehungen so tragisch. Meist ergehen sich die einstmals Verliebten „nur" in Wortgefechten, in denen sie sich allerdings ganze Sammlungen alter Rabattmarken [5, 36] unter die Gürtellinie schlagen: „Ich wollte dich ja gar nicht heiraten, du hast mich gezwungen", oder „Ich wollte von Anfang an nie mit dir schlafen, du hast mich vergewaltigt", oder: „Ich hätte viel lieber meinen Jugendschwarm geheiratet, den habe ich bloß Deiner blöden Selbstmorddrohungen wegen aufgegeben". „Am liebsten hätte ich bei der entscheidenden Frage vor dem Traualtar laut 'nein' geschrieen und wäre davongelaufen." – Unwillkürlich fällt mir dazu „Die verkaufte Braut" ein: „Ja so manches Schätzchen ist ein Schmeichelkätzchen, das mit Sammetpfötchen dich umspielt; aber wie entsetzlich, wenn du später plötzlich ihre Krallen fühlst."

2. Die *Beziehungsfantasie* stellt eine weitere Störungsquelle für Partnerschaften dar. Wenn zwei sich kennenlernen, so zeigen sie sich gerne von ihrer „Schokoladenseite"; denn jede(r) möchte Eindruck machen, möchte wirken. Und die/der andere ist nur allzugerne bereit, in das aufgesetzte Strahlen eigene Wünsche und Sehnsüchte an ein ideales Du hineinzulegen. Wir alle haben doch ein – wenn auch manchmal vages – inneres Bild unserer idealen Partner. Dieses entspricht unserem wieder verlebendigten Bild des Prinzen und der Prinzessin aus unserer Kindheit. So sieht z. B. der „kleine Junge" in manchem gestandenen

Mann in einer blonden, hübschen Frau seine Goldmarie – natürlich nur mit all ihren Tugenden, selbst wenn diese Frau in Wirklichkeit eher die Seite der Pechmarie lebt. Er fantasiert also in diese etwaige Beziehung Eigenschaften hinein, die seinem kindhaften Wunschdenken entspringen und mit der Realität nichts zu tun haben (= Trübung, [36]). Das Scheitern dieser Beziehung ist somit vorprogrammiert, spätestens dann, wenn seine „Goldmarie" ihn mit ihrer Andersartigkeit enttäuschen muß. Wahrscheinlich wird er diese Enttäuschung und Kränkung nicht wahrhaben und nun mit allen Mitteln seine Partnerin verändern wollen, damit sie vielleicht doch noch seiner Vorstellung entspricht. Diesem Druck wird sie sich natürlich widersetzen, und der Beziehungskampf ist als Ehekrach im vollen Gange. So klagt eine attraktive Frau: „Mein Freund sagt dauernd zu mir 'ich liebe dich', so daß ich es schon nicht mehr hören kann, denn in seinem Verhalten beweist er mir das genaue Gegenteil. Was er mir laufend antut, da sehe ich nichts von seiner großen Liebe." Der Freund bekennt: „Sie ist so ganz anders. Ich möchte so gerne, daß sie mir auch mal sagt, daß sie mich liebt." – Er möchte also seine Partnerin in sein inneres Bild, das er sich von ihr gemacht hat, hineinzwängen. Das muß natürlich Empörung herausfordern. Aus Sicht der Frau sieht die Trübung einer solchen Beziehungsfantasie ähnlich aus: Von seinem strahlenden Umwerben – etwa beim Tanzen – fühlt sie sich geschmeichelt, und sie läßt sich blenden. Ihr „kleines Mädchen" sieht vielleicht in ihm den Prinzen, der sie endlich wachküssen und sie umsorgen wird. Ihr Skriptsatz mag lauten: „Vielleicht wird er der Richtige sein, mich von meinem Pech (z.B. mit Männern) zu erlösen." Damit programmiert sie abermals ihr Scheitern (Verliererskript [6]). Wenn sich beider Beziehungsfantasien als Ausdruck ihres Skriptglaubens treffen und verhaken, so nennt das der Volksmund „verliebt sein".

Eric Berne hat diese Abläufe als Psychospiele ausführlich beschrieben [4]. Sie beginnen immer mit einer Mißachtung, einem Nicht-wahrhaben-Wollen einer Eigenschaft bei sich und/oder beim andern. Zwangsläufig wird der ausgeblendete Anteil irgendwann bewußt; dann ist die Enttäuschung offenkundig, und schlechte Gefühle sind die Folge (Endauszahlung [4]), bei dem einen, weil er sich ausgenützt fühlt, bei der anderen, weil sie nicht bekommt, was sie erwartet hat. Dieses Aufdecken der geheimen Ebenen einer Beziehungsfantasie (verdeckte Transaktionen [5]) geschieht oft recht schnell, weswegen Beziehungen so plötzlich auseinandergehen können und so viele Ehescheidungen in den beiden ersten Jahren „passieren". Lakonisch heißt es dann: „Sie hat halt Pech bei Männern", oder gar: „Sie ist eben zu schade für diese Männer."

Ein aufschlußreiches Beispiel liefert die Legende vom heiligen Georg, von Gabor von Varga nach- und weitererzählt aus transanalytischer Sicht, ohne Heiligenschein.

Es war einmal vor langer Zeit ein Junge, der hieß Georg. Später nannte man ihn St. Georg, aber das kam erst nach einem Mißverständnis darüber, was eigentlich mit dem Drachen passiert ist.

Georg wuchs auf und half gerne. Er half seiner Mutter, dem Koch und dem Gärtner, er half der Magd und kranken Tieren, kurz: er half einem jeden, der sich helfen ließ oder zu schwach war, um Nein zu sagen. Seinem Vater half er weniger, aber das kam daher, daß er wie sein Vater sein wollte und es nicht war.

So wuchs Georg zum Ritter heran, der sich darauf spezialisierte, Jungfrauen zu retten, die von Drachen behütet wurden. Der Grund war, daß Georg merkte, daß er für all seine hilfreichen Handlungen immer weniger Dank bekam; die einen meinten, es sei selbstverständlich, daß er ihnen helfe, die anderen meinten, er könne ihnen doch nicht helfen und bewiesen es ihm auch. Auf jeden Fall wurde ihm immer geringerer Dank zuteil und viel weniger, als er erwartete. So schienen ihm Drachen und Jungfrauen als eine gute Lösung; wenn er Drachen bekämpfte, zeigte er sich als Held (woran er in seinen schwachen Stunden doch manchmal zweifelte...); und Jungfrauen, die hilflos einem Drachen ausgeliefert waren, würden sich gewiß so dankbar erweisen, wie er es sich in seinen Träumen vorstellte.

Eines Morgens, die Sonne schien gar hell, und Georg hatte schon mehr als einen halben Tag niemandem geholfen, da gelüstete es ihn, Gutes zu tun. Mit einem Drachen zu kämpfen und eine schöne Jungfrau zu retten, schien ihm genau das Richtige zu sein. Und so zog er sich den Harnisch an und seine besten Asbesthandschuhe – denn um mit Drachen zu kämpfen, muß man selbst recht unverletzlich sein. Er stieg auf sein Pferd und ritt aus der väterlichen Burg und in den Wald hinein, wo er schon in der Ferne eine kleine Rauchwolke sich kräuseln sah.

Je näher er kam, um so höher schlug sein Herz, und er war sich seiner ganzen Kraft bewußt. Er malte sich aus, wie er mit dem Drachen umgehen würde. Jahrelang hatte er sich im Drachentöten mit all seiner Vorstellungskraft geübt, und es gab keinen Zweifel, daß er der armen Jungfrau helfen könne.

Schließlich sah er den Drachen – nicht ganz so groß, wie er ihn sich vorgestellt hatte, doch groß genug, ihm ein Gefecht zu liefern. Der Drache schnob Feuer und sah recht eindrucksvoll aus, und was am wichtigsten war: angekettet an eines seiner zahlreichen Gliedmaßen war eine wunderschöne Jungfrau.

Wie er es im Drachentöter-Kurs gelernt hatte, fragte Georg, ob das arme Opfer denn auch gerettet werden wolle. Die Jungfrau nickte und schlug ihre Augen gar süß nieder. So war Georg nun doppelt eifrig, den Drachen zu töten, wußte er doch endlich, daß ihm jemand auf die lieblichste Weise dafür danken würde.

Er ritt auf den Drachen los und schwang sein Schwert so gewandt, daß er das Ungeheuer mit wenigen Hieben zu Tode beförderte und auch recht ritterlich dabei aussah.

Als der Drache seinen letzten Schnaufer getan hatte, löste er die Jungfrau aus ihren Banden und setzte sie vor sich auf sein Pferd. Sie dankte ihm herzlich und konnte sich gar nicht genug tun zu schildern, wie wunderbar es war, als sie ihn zum ersten Mal erblickte, und wie er dann näher kam, und wie artig er sie gefragt und begrüßt hatte. Und zu Georgs größtem Vergnügen wiederholte sie diese Geschichte mit immer neuen feinen Abwandlungen, ohne daß es ihm auch nur einen Moment langweilig geworden wäre.

So ritten sie in die Welt hinein, und es geschah, daß die Jungfrau eine Zeitlang schwieg. So erinnerte Georg sie an eine kleine Einzelheit in seinem Kampf um ihre Errettung, die sie wohl nicht bemerkt hatte, und mit Vergnügen erzählte sie nun die ganze Geschichte von neuem.

Georg war es zufrieden. Aber nach dem dritten Tag ihres Rittes begann die Jungfrau, sich mehr und mehr für die Blumen am Wege, die Berge und Flüsse zu interessieren, und schon hatte sie einen hal-

ben Tag lang nicht mehr über ihre wunderbare Rettung durch Georg gesprochen.

Es wurmte ihn richtig, sie so froh zu sehen ohne das Bewußtsein, daß sie diese ganze schöne Welt nur ihm verdankte. Und so fragte er: „Freust Du Dich, daß ich Dich gerettet habe?" Und sie antwortete: „Ja, mein Ritter!" und sie umschlang ihn zärtlich. Doch ihn grämte es, daß sie die wundersame Geschichte nicht noch einmal wiederholte.

Er fragte sie: „Hättest Du es wohl allein geschafft, Deinem Drachen zu entrinnen?" „Nein, mein Ritter", antwortete sie etwas beklommen. Georg grübelte weiter und kam schließlich zur Lösung seines Problems „Siehst Du, Du hättest Dir nicht allein helfen können, und ich habe Dich errettet und Dir die schöne Welt wiedergegeben; deshalb mußt Du mir nun auch recht dankbar sein und tun, was ich Dir sage!"

Das Maidlein brauchte sich gar nicht umzudrehen – sie konnte den Schwefelgeruch, der ihr vom Drachen nur allzu bekannt war, schon riechen – schon konnte sie die Schuppen spüren und die grünlichen Gliedmaßen schimmern sehen. – Ein neuer Drachen war auf die Welt gekommen...

Die meisten Liebesromane sind dichterische Ausflüsse blühender Beziehungsfantasien ihrer Autoren, ohne wesentlichen Bezug zur Wirklichkeit. Deswegen werden sie gerne gelesen. Interessanterweise lassen große Dichter (aber auch kleine) ihre Liebesdramen kurz vor dem „Umkippen" – womit die Ent-Täuschung offenkundig würde – enden. Meistens bedienen sie sich dabei des „happy end" (Hermann und Dorothea) oder des Sterbens (Werther, Tristan und Isolde, deren Liebestrank vortrefflich ihre starre Beziehungsfantasie versinnbildlicht). Doch stellen wir uns vor, das klassische Liebespaar Romeo und Julia stirbt nicht, sondern die beiden „kriegen sich", und ihre Geschichte wird um einen Akt verlängert. Hier würde der Alltag des Ehepaares Romeo und Julia geschildert, und das Ganze wäre bestenfalls noch eine Komödie. Wahrscheinlich aber hätten die beiden als Paar ihre heutige Berühmtheit nicht erlangt. Wagt ein Dichter aber, eine Ehegeschichte über ihre Illusion hinaus weiterzuerzählen (wie z. B. Thomas Mann in seinen Buddenbrooks), so muß er die Romanze bald entzaubern, um glaubwürdig zu bleiben. –

Wir wissen wohl alle, daß ein Liebesrausch nicht ewig anhält; trotzdem lassen wir uns gelegentlich von der leichten Muse – true love, niemals auseinandergehen, dein auf ewig, nur du allein, lonely boy – einfangen, bereitwillig becircen. Das Geschäft mit den „Schnulzen" kann doch deshalb nur so blühen, weil geheimste Wünsche und Sehnsüchte in unserem KIND anklingen. Je unablässiger wir diese Illusion zu erreichen trachten, desto schmerzhafter erleben wir die Enttäuschung, das Ende einer Liebesbeziehung. Die meisten Ehen und Liebesromanzen beginnen ja mit einer solchen Illusion, während die Märchen mit ihr enden. Stefan Zweig beschreibt diese Illusion unserer Beziehungsfantasie sehr plastisch:

> Ich liebe jene ersten bangen Zärtlichkeiten,
> Die halb noch Frage sind und halb schon Anvertraun,
> Weil hinter ihnen schon die andern Stunden schreiten,
> Die sich wie Pfeiler wuchtend in das Leben baun.

Wir können uns in solchen Beziehungsfantasien hineinsteigern, indem wir uns ausschließlich ihren Illusionen hingeben; z. B. wenn wir die/den Geliebte(n) nur am Wochenende sehen, ansonsten Liebesbriefe schreiben – und noch lieber empfangen (Papier ist geduldig!). Nichts gegen Briefeschreiben, im Gegenteil; doch nicht nur durch die rosarote Brille – die Wirklichkeit ernüchtert unbarmherzig. Der Verzicht auf die Illusion unserer Beziehungsfantasie kann uns vielleicht den Weg bereiten zu einem Glück, das sich momentan weniger berauschend ausnimmt, dafür aber beständiger.

Eheschließung beendet Flitter, Rausch und Verliebtheit; dafür eröffnet sie uns Neues, wie Bindung, Gemeinschaft, seelische Treue, Zugehörigkeit. „Die Leidenschaft flieht, die Liebe wird bleiben." – Bindung kann auch schön sein, nicht nur Autonomie; besonders aber, wenn ich mich aus Autonomie binde.

3. Der Beziehungsfantasie verwandt ist die *Projektion*: Eigenarten, die wir als Schattenseiten an uns nicht mögen oder nicht erlauben, stülpen wir andern über. Dadurch können wir uns momentan die Frustration wegen eigener Unzulänglichkeit er-

leichtern. „Solange ich den Splitter im Auge des andern seh', tut mir der Balken im eigenen Auge nicht weh." – Wir alle projizieren nach diesem Motto, täglich, ohne es zu merken – und versuchen damit, unsere Gefühle auszubalancieren. Wir erleichtern uns dadurch, daß wir die Verantwortung für unser innerseelisches Befinden anderen zuschieben: z. B. „Iß nicht so viel!" kommandierte der dicke Mann seine vollschlanke Frau; oder: Meine Frau ruft mich zu dem zwischen uns vorher vereinbarten Zeitpunkt an. Sie freut sich, meine Stimme zu hören. Ich aber reagiere unfreundlich, weil ich mich unwohl fühle. „Wieso?" frage ich mich, da ich die Störtransaktion (meine muffelige Reaktion paßt nicht zu ihrem freundlichen Stimulus) natürlich spüre. Ich höre gerade eine Musiksendung und schob meiner Frau die Verantwortung zu, daß ich die Musik nicht genießen konnte.

E. Berne nannte dieses unter Partnern weit verbreitete Psychospiel: „Wenn du nicht wärst... (dann könnte ich...)" [4]. Streitpaare können dies bis zu Handgreiflichkeiten steigern. Wie sieht eine Lösung aus? Ich könnte im obigen Beispiel meine neue Situation mitteilen, für die ich verantwortlich bin, und um einen neuen Anruf bitten bzw. rückrufen. Ich entschied mich, die Musik abzustellen, mich zu entschuldigen, und wir hatten einen gemütlichen Plausch miteinander.

Eine ältere Frau geht mit ihrer trippelnden Hundedame spazieren. Ihnen begegnet ein verspielter, tapsiger Pluto. Beide Hunde beschnuppern sich. Plötzlich kreischt die Frau: „Hilfe, ein Rüde!" und eilt mit ihrer noch widerstrebenden Pudeldame von dannen. Diese Frau überträgt vielleicht auf die Hunde ihre innere Vorstellung des Zusammenspiels von Mann und Frau. Natürlich hat ihre etwaige Männerfeindlichkeit einen festen Sitz in ihrem Lebensplan, seit sie sich zu dieser entschieden hat, sei es durch eigene bittere Erfahrungen mit dem anderen Geschlecht, sei es durch Übernahme von ihrer Mutter, der sie bedenkenlos alle Abwertungen von Männern glaubte – aus Solidarität zu ihr. Ähnliche Projektionen lagen unter anderem bei einigen angeblich zölibatär lebenden Klerikern vor, die spontane, lebenslustige und vielleicht etwas exaltiert lebende Frauen verdammten oder gar als Hexen verbrannten. Und das im Namen Gottes, der als „Projektionsfläche" auch heute noch für so manchen Unsinn von uns Menschen herhalten muß. Natürlich müssen sich manche Männer in ihrer patriarchalen Selbstgefälligkeit von verführerischen, gefühlsbetonten Frauen bedroht erleben und sich in ihrer Nähe geradezu in Angstzustände versetzen, wenn diese Frauen auch noch ihren klaren Verstand benutzen und ihnen geistvoll-klug entgegentreten. – Ich meine, die institutionelle Kirche täte gut daran, sich für die Schmach, die sie den Frauen zugefügt hat, bei ihnen wenigstens zu entschuldigen. Doch vielleicht erliege ich hier schon meinen eigenen Projektionen.

Wesentlich humorvoller hat sich W. Busch über diesen Umgang mit sexueller Lust geäußert in seinem Gedicht „Die Schändliche":

> Sie ist ein reizendes Geschöpfchen,
> Mit allen Wassern wohl gewaschen;
> Sie kennt die süßen Sündentöpfchen
> Und liebt es, häufig draus zu naschen.
> Da bleibt den sittlich Hochgestellten
> Nichts weiter übrig, als mit Freuden
> Auf diese Schandperson zu schelten –
> Und sie mit Schmerzen zu beneiden.

In einem Therapiekurs, in dem einige Frauen Hilfe in ihren sexuellen Schwierigkeiten suchten, äußerte eine andere Frau: „Also damit habe ich keine Probleme – eher im Gegenteil; kürzlich hat mir mein Pfarrer eingeschärft, daß der Sexualakt nur zum Kinderzeugen geschaffen sei und keine Lust machen dürfe. Das ist schlimm für mich; denn ich schlafe gerne mit meinem Mann, möchte andererseits auch gerne in der Kirche bleiben... es scheint fast so, als ob beides nicht miteinander zu vereinen ist." Diese Frau löste ihren Konflikt ebenso einfach wie elegant: Sie wählte einen anderen Beichtvater, der ihr nicht so weltfremd, sondern realitätsbezogener, toleranter und gütiger zuhörte und zusprach. Auch viele Ideen der feministischen Theologie finde ich faszinierend, nicht so verstaubt und unverständlich, sondern lebendig, erfrischend und klar. Ich jedenfalls fühle mich bereichert durch die erweiterte Sichtweise dieser Frauen. – Alltagsprojektionen sind überall dort zu finden, wo mindestens zwei Menschen beisammen sind, vor allem bei Paaren. Da übt Eva emsig ihr Skifahren am sanft abfallenden Hang, abseits der Piste. Augenscheinlich freut sie sich, daß sie auf den rutschigen langen Pantoffeln einigermaßen Halt gefunden hat, ohne daß diese unwegsamen Bretter gleich übereinanderfahren. Da kommt Adam breitspurig herangerudert, schimpft sie eine dumme Kuh und will ihr zeigen, wie man richtig skifährt. Als er sich überzeugen will, ob sie seine Künste gebührend würdigt, liegt er auch schon zu ihren Füßen. Sie lacht – wahrscheinlich zum letzten Male für heute, denn er vermaledeit bereits den untauglichen Pistendienst und das Sportgeschäft, das ihm solche miesen Skier verkauft hat ...

Ein älterer Herr – für sein Alter noch recht stattlich – erzählt von den vielen alleinstehenden Frauen, die sich ständig um ihn bemühen, so daß er sich manchmal schon im Streß erlebt. Geht man dann mit ihm ins Städtchen, ist er es, der entsprechende Frauen anspricht und von ihnen meist brüsk stehengelassen wird. Sein Wunschdenken trägt dieser Herr allzu deutlich zutage. Wird er auf diese augenscheinliche Diskrepanz angesprochen, reagiert er ungestüm oder beleidigt.

Ich gehe mit meiner fünfjährigen Nichte spazieren und komme nach einiger Zeit an einem Kiosk vorbei. Ihre Augen werden groß und größer, bis sie mich fragt: „Möchtest du ein Eis?" – Das ist die kleine Professorin!

Etwas schwieriger, sich von diesem Überstülpen freizuhalten, wird es bei sich ähnelnden Partnern. Meine Frau und ich, wir verlegen bisweilen unsere Schlüssel. Wenn ich es tue – meist wenn ich ohnehin schon in Eile bin – ärgere ich mich über meine Unachtsamkeit. Tut sie es, verspüre ich das gleiche Gefühl (vielleicht noch körperlicher als vorher) und würde sie am liebsten „anmotzen", um diese körperliche Spannung abzuleiten. Ich bedarf dann einiger Selbstdisziplin, keine negative DU-Botschaft zu geben. Viel einfacher und spannungsfreier läßt sich das Problem lösen, wenn ich ihr suchen helfe, so wie sie es bei mir ohnehin tut. Welche Erleichterung, wenn wir den „verflixten" Schlüssel gefunden haben. Der gleiche Mechanismus läuft bei Massenprojektionen ganzer Gruppen ab, wie z. B. bei den -ismus-Ideologien, wie Kapitalismus – Kommunismus – Rassismus – Sexismus – Konfessionalismus – Imperialismus – Nationalismus – Chauvinismus. Auch hier dünkt sich eine ganze Gruppe erhaben über eine andere (wir sind o.k., ihr nicht). Sie blenden bei sich ihre Schwachstellen und Schattenseiten aus und bekämpfen sie in den andern, denen sie sie übergestülpt haben. Darin haben es z. B. im Deutschen Bundestag, in Betrieben und Familien einige Redner zu wahrer Meisterschaft gebracht.

Für Projektionen in Kleingruppen (z. B. Familie) müssen die berühmten schwarzen Schafe herhalten, wodurch diese eine wichtige Bedeutung innerhalb ihrer Gruppe erlangen.

Projektionen bilden einen Teil unseres umfangreichen Systems von Abwehrmechanismen, weswegen sie oft unverhältnismäßig lange aufrechterhalten werden, wie in folgendem Beispiel: Ein selbstgerechter Polizeibeamter, dem es ein hämisches Vergnügen bereitet, andern ihre Vergehen vorzuhalten, wütet seiner Frau gegenüber als fanatischer Verfolger, indem er sie der Untreue bezichtigt und als mannstoll beschimpft. – Verständigen Lesern fällt es wohl nicht mehr schwer, herauszuhören, wer von beiden „seitenspringt": Er. – Davon will er jedoch nichts wissen. Vielmehr hat er sich mit seinen ständigen Anschuldigungen seelisch so schachmatt gesetzt, daß er zunächst in Kur geht und danach in einer Klinik behandelt werden muß. Er sieht diese Aufenthalte nicht als Therapie seiner selbst an, sondern als wohlverdiente Erholung von seiner „schandbaren Frau" und als Pflege seiner „hohen moralischen Grundhaltung". Obendrein glaubt er, zur ausgleichenden Gerechtigkeit sich einen Kurschatten halten zu dürfen. – Was läuft bei diesem Paar auf der psychologischen Ebene ab? Sie ist eine lebensfrohe und biedere Frau, die Unterhaltung liebt und seit 20 Ehejahren sich treu ihrem herrschsüchtigen Mann untergeordnet hat: „Der kann das alles, da brauche ich mich um nichts zu kümmern; das war immer recht einfach für mich." Sie hat ihn also zunächst aus eigener Bequemlichkeit in seiner Großmannssucht bestärkt. Diese gefiel ihr meistens nicht, wohl aber im Bett. „Da verstanden wir uns beide am besten. Und ich möchte auch heute noch viel mehr mit ihm schlafen als er mit mir." – Aber er kann (oder will) nicht mehr so wie früher, was bei ihr die Fantasie nährte: „Er mag mich nicht mehr, ich bin ihm nicht mehr gut genug." Das Erlebnis, seine Frau nicht mehr zu befriedigen, mußte er natürlich als

Kränkung seiner Männlichkeit erleben; das ließ er gar nicht erst in sein Bewußtsein gelangen, sondern kanalisierte es in die geschilderte Projektion und wehrte es somit ab. – Sie hingegen wurde sich jetzt eines Minderwertigkeitsgefühls bewußt, das wesentlich älter ist als ihre Partnerschaft. Um sich – und damit auch ihrem Mann – zu beweisen, daß sie auf Männer noch anziehend wirke, begann sie ihre Unterhaltungen zu kessen Flirts auszugestalten. Das war wiederum für ihn unerträglich. Aus seinen grandios aufgebauschten Fantasien zog er die Rechtfertigung für seine Beschimpfungen und Seitensprünge. Ein wahrer Teufelskreis!

Also auch die krankhaft gesteigerte Eifersucht kann eine Projektion sein. Sie drückt einen übertriebenen Besitzanspruch auf den Partner aus: „Du bist mein Eigentum", bis hin zu: „Ich kann mit dir alles machen, was ich will, doch wehe, du erlaubst dir ein gleiches!" Für manchen, der sich seinen Verstand einzusetzen weigert, scheint Mord die letzte Gefühlssteigerung zu sein. Wenigstens die Regenbogenpresse profitiert mit zündenden Schlagzeilen davon und natürlich die unzähligen sensationslüsternen Leser. Und „Othello" liefert das entsprechende Beispiel für die Kunstliteratur, jedoch die Beweggründe sind die nämlichen.

Auseinandersetzungen – von Sticheleien bis zu massiven Vorwürfen – sind meistens Projektionen (bzw. Maschen oder Psychospiele [4]), insbesondere, wenn sie mit Affekten einhergehen. Ein sicheres Mittel, sie zu unterbinden, ist (bei Streitpaaren ebenso wie in der Politik) das sofortige, energische Stoppen der üblen DU-Botschaften wie Schuldzuschreibungen, Beschimpfungen, Vorwürfe und der ganzen „schmutzigen Wäsche". Dieses negative Kritisieren ist in unserer Gesellschaft leider sehr verbreitet, wohingegen positive Zuwendung und Loben eher belächelt werden: „Wenn ich nichts sage, dann ist es in Ordnung, wozu dann noch loben?" Das ist in unseren Partnerschaften, Familien, Schulen, Betrieben und Institutionen ein weitverbreiteter Glaubenssatz. Schade. – *Friede* beginnt also nicht in Moskau oder Washington, sondern bei uns am Frühstückstisch.

Wir können auch positive Eigenschaften, die wir bei uns (noch) nicht für wahr haben wollen, anderen überstülpen: „Was du alles kannst, das könnte ich nie." Die Phase der ersten Verliebtheit ist im Rahmen unserer hoffnungsvollen Beziehungsfantasie angefüllt mit solchen wundervollen Verherrlichungen, die unserer Selbstbezogenheit entspringen. Besessen von dem Verlangen nach Verschmelzung sind wir so mit unseren eigenen Fantasien beschäftigt, daß wir den anderen gar nicht sehen. – Erst nach unserer Ernüchterung (der Enttrübung, dem Wechsel im Spiel [4]) werden dieselben verbrämten Eigenschaften oft schlagartig zur Zielscheibe boshafter Beschimpfungen: Die vormals bewunderte Körperkraft des Mannes wird jetzt als Grobheit, ja Brutalität erlebt. Die früher faszinierend hübsche Aufmachung der Frau wird als Eitelkeit und überflüssiger, kostspieliger Luxus für andere (Männer?) empfunden. Einst gepriesene ruhige Ausgeglichenheit (der Fels in der Brandung) entartet zur Langeweile, bunt schillernde Lebensfreude zu Überdrehtheit (Hysterie), Sparsamkeit zu Geiz, Verantwortung zu Rücksichtslosigkeit, Gerechtigkeit zu Härte, Glaube zu Fanatismus, Pflichtgefühl zu Verdruß, kurz: Tugenden von einst werden als Laster erlebt, wenn die als Liebe getarnte Verblendung erlischt.

Literarisch läßt Oscar Wilde das in Lady Windermeres Fächer den Mr. Dumby (3. Akt) so ausdrücken: „Es gibt im Leben zwei Tragödien: die eine ist das Nichterfüllen eines Herzenswunsches, die andere ist seine Erfüllung. Von den beiden ist die letztere die weitaus schlimmere; letztere ist wirklich eine Tragödie …" Denn die erste läßt die Hoffnung auf das Glück, die zweite ernüchtert. Das will der Beziehungs-Ideologe nicht sehen, da sein Ziel die völlige Glückseligkeit ist.

Auch echte Liebe kann vergehen; doch es bleibt zumindest die Achtung und Wertschätzung der anderen Person, damit behalten beide ihre Würde. Denn in welches Zwielicht rückt mein eigener Geschmack und meine Urteilsfähigkeit, wenn ich heute einen Menschen verschmähe und entwürdige, den ich gestern noch sehnsüchtig liebte.

Zur Projektion wird heute auch gerne die Tatsache genutzt, daß die meisten unserer seelischen Störungen ihre Wurzeln in unglücklichen Kindheitserlebnissen haben. Wir schieben gerne die Schuld – und damit auch unsere Eigenverantwortung – auf die damalige Situation, die Eltern, die Umwelt. Das entlastet momentan. Doch machen wir uns damit zu hilflosen Opfern (dieses Spiel nennen wir in TA *Holzbein* [4]), die an ihrer Misere selbst nichts zu ändern vermögen. Sie trachten mit allen noch verbleibenden Kräften – und das sind gar nicht so wenige –, die damalige Situation und ihre Personen, insbesondere die Eltern, zu verändern. Eine fatale Falle. Die Vergangenheit ist heute nachträglich nicht mehr zu beeinflussen. Verlierer bemühen sich immer noch darum, doch vergeblich, wie sie sich letztlich eingestehen müssen, wodurch sie nur noch niedergedrückter und verzweifelter werden.

Dieser selbstzerstörerische Teufelskreis der beschriebenen psychologischen Vorgänge kann durchbrochen werden. Ein zuverlässiges Mittel sind einige der gängigen Wahrnehmungsübungen. Denn Bewußtmachen ist ein sicheres Heilmittel gegen Mißachten und Ausblenden von Tatsachen, dem Beginn (Initialtransaktion) eines jeden Psychospiels, jeder Masche, jeden Zankes, jedes Gefühlsausbeutens, jeder Symbiose. Deswegen: wehret den Anfängen! – Unsere unbewußten Anteile offenbaren somit noch lange nicht all ihre verborgenen Geheimnisse, doch ich kann anfangen, bei mir (nicht beim andern) zu merken:

– Wenn ich meine eigene Erfahrung über- oder untertreibe: Ich hab' dich *immer* ..., du hast mich *nie* ... " – „... unser gemeinsamer Urlaub war die totale Katastrophe ... " – „ich hatte einen solch schweren Schnupfen, daß ich nicht ... konnte ... " – „ich bin von dir so maßlos enttäuscht, daß ... " – „du machst mich wahnsinnig". Oder wenn ich im Rausch meiner Verliebtheit den andern Menschen nicht so sehen will, wie er wirklich ist.

– Wenn ich meine(n) Partner(in) für mein Tun, meine Fehler, meine Gefühle verantwortlich und schuldig mache: „Bloß weil du ... muß ich jetzt ... " (Schuldzuweisung bindet ein Streitpaar).

– Wenn ich mich passiv verhalte, d. h. wenn ich alles Mögliche und Unmögliche tue bzw. nicht tue, was das anstehende Problem *nicht* löst, z. B. einen Streit beginne (oder mich darauf einlasse), während die Milch überkocht oder das Baby gewickelt werden muß – was befürchte ich denn?

– Wenn ich anfange, Recht haben zu wollen (Machtspiele [46] zerstören jede Partnerschaft).

- Wenn ich mein Wahrnehmungsvermögen trübe, um Wirklichkeit oder Vergangenheit zu ändern – zur Rechtfertigung meiner Ideen (z. B. nicht zuhöre, sondern gleich umdeute, redefiniere [40].
- Wenn ich in den Drama-Positionen (Verfolger, Retter, Opfer) umherspringe wie Rumpelstilzchen.
- Wenn ich die Welt, die anderen und mich nur aus bestimmten Gesichtswinkeln (konstante Ich-Zustände [5]) sehe (das größte Vorurteil aller Vorurteile ist das Vorurteil, keine Vorurteile zu haben).
- Wenn ich mich selbst schuldig und unfähig mache statt verantwortlich (wenn ich mich selbst verabscheue, muß mir jedes Wesen, das mich beachtet, wie ein Engel vorkommen).
- Wenn ich meine Gefühle aufspalte und einseitig die positiven auf die Kinder oder die/den Freund(in) ausrichte und die negativen auf den Partner.
- Wenn ich als Fehlerjäger in meiner Belehrungs- und Kritiksucht schwelge und dabei den partnerlichen Freiraum verletze, z. B. seine/ihre Briefe öffne.
- Wenn ich wieder auf einer jener zermürbenden Beziehungsanalysen bestehe, ohne Bereitschaft, wirklich etwas ändern zu wollen.
- Wenn ich die Gefühle der/des anderen ausbeute. Dieses sogenannte Rapo-Spiel [4, 36] kann sexuell ablaufen (jemanden „anmachen" und dann „sitzenlassen") oder sozial (ein Versprechen oder eine feste Zusage nicht einhalten). Eine weitere Variante ist in dem ungebührlichen Ausnutzen von Zugeständnissen zu sehen („your home is my castle").
- Wenn ich meine(n) Partner(in) mit häßlichen Du-Botschaften bombardiere, und sie/ihn immer noch nach meinen Wunschvorstellungen ändern will: „Du bist wie meine Mutter", oder noch schlimmer: „Du bist wie deine Mutter". – „... denn wer zerstört, schafft seinen späteren Untergang sich selbst" (Euripides).
- Wenn ich meine rosaroten Beziehungsfantasien an „verpaßten Gelegenheiten" und früheren Beziehungen aufrechterhalte („Hätt' ich doch genommen den König Drosselbart ...")
- und was ich gemeinsam habe mit ihm/ihr, wenn ich so „maß-

los wütend" auf sie/ihn werde (Projektion, Masche, Psychospiel). Was will ich da bei mir selber (noch) nicht wahrhaben? Nachdem ich auf diese Weise meine Störungen erkannt und angenommen habe, kann ich als nächstes anfangen, mich mit schicksalhaft Unveränderlichem abzufinden und hinsichtlich möglicher Änderungen erste Schritte einzuleiten, wie z. B.:

– *Verantwortung* für mein Denken, Handeln und Fühlen zu übernehmen – für die gesamte Vielfalt meines Lebens, einschließlich meiner Schattenbereiche (soweit sie mir schon bewußt geworden sind). Jeder einzelne soll nach seinem Glück suchen, solange er den Freiraum des andern achtet. Er darf aber nicht sein Glück(sverständnis) anderen überstülpen. Der Sinn meines Lebens wird von mir geschaffen, dann bin ich frei. Diese meine Freiheit bedeutet Verantwortlichkeit: *ich* bin verantwortlich, nicht irgendwelche Sachzwänge. Dann bin ich auch tolerant dem anderen gegenüber, der *seine* Wirklichkeit konstruiert hat. Widersprechen sich beide Sinngehalte, müssen wir Partner uns zusammensetzen und einen Kompromiß aushandeln oder in gegenseitiger Achtung ohne Liebe auseinandergehen. – Ich kann mir eigene Fehler und Schwächen eingestehen (Nimm dich wie du bist). Das mag ich zunächst als Kränkung meines „ehrenwerten Selbstbildes" empfinden; jedoch mit jedem weiteren Tun werde ich ein gutes Gefühl erleben – und das kann langfristig z. B. auch auf seelisch bedingte Körperbeschwerden heilend wirken.

– Mich *abzugrenzen* von anderen; nicht alles gemeinsam machen zu müssen, sondern meinen Interessen, die den anderen langweilen, allein oder mit Freunden nachzugehen. Ich höre immer wieder von (meistens) Frauen, die auf das Segeln schimpfen, aber immer wieder mitfahren oder sich mitzerren lassen: „Wozu haben wir denn das Boot", „Wozu sind wir denn verheiratet!" „Immer geht alles nur nach deinem Willen." – Ich segle gerne, meistens allein oder mit Freunden und selten mit meiner Frau, die in dieser Zeit lieber einen Stadtbummel macht, dem wiederum ich nichts abgewinnen kann. Am Abend finden wir wieder zusammen, freuen uns – u. a. über unser Vertrauen – und erzählen uns von einem schönen Tag. – Die „offene Ehe" [33] ist mittlerweile ein fester Begriff für diese Lösungsmöglichkeit geworden. Durch Erwerben einer klaren, inneren Haltung, z. B.: „Ohne sie/ihn bricht die Welt nicht zusammen", kann ich den/die andere(n) leichter loslassen, und plötzlich läuft vieles besser. Ich sehe vom anderen mehr, wenn ich sie/ihn aus entsprechender Entfernung betrachte.

– Neue *Freunde* suchen. Ein häufiger Fehler frisch Verliebter und/oder Verheirateter ist, daß jedes seine bisherigen Freundschaften vernachlässigt, da sie fantasieren, diese im momentanen siebten Himmel nur störend zu erleben. Schon manch eine(r) war froh, beim Herunterplumpsen aus jenen Höhen von Freunden aufgefangen worden zu sein. „Je früher du dir neue Freunde suchst, desto eher hast du alte" (E. Berne).

– Wieder Beziehung pflegen, die ich in der Ablenkung durch Kassetten, Fernsehen und anderen Zerstreuungen vernachlässigt habe. Ich kann aus der Einsamkeit, die meine Seele beengt, heraustreten und ein Gespräch suchen oder beginnen, gegenseitig vorlesen, miteinander musizieren oder träumen – wie einst in der ersten Verliebtheit. – Eine ausgezeichnete Methode, mit der/dem anderen wieder in Einklang zu kommen, ist das Fahren auf dem Tandem. Dieses Ding läuft wirklich nur, wenn beide sich im Gleichtakt bewegen. – Ich kann mich in der Tugend der Toleranz üben sowie auch ihre Schwester – den Humor – mehr pflegen. Er ist ein wirkungsvoller Blitzableiter für manche emotionale Hochspannung. Ohne Humor (nicht schwarzer oder Galgenhumor, der über selbstzerstörerisches Tun oder zu Lasten anderer lacht) kann eine warmherzige Beziehung nicht bestehen. – Ich kann meine Sinne dafür schärfen, was z. B. in diesem „Witz" mir und uns noch gut tut und was nicht mehr: Da sitzen zwei beim Stelldichein, als das Telefon klingelt, sie nimmt ab und hockt sich bald wieder zu ihm. Auf seine beunruhigte Frage reagiert sie beschwichtigend: „Es war nur mein Mann; er kommt heute abend später, weil er mit dir noch Schach spielt." – Wesentlich spannungsfreier gestaltet sich eine Beziehung, wenn ich meine Projektionen zurücknehme und mit mir (statt am andern) verarbeite. „... ich bin kein ausgeklügelt Buch, ich bin ein Mensch in seinem Widerspruch" (C. F. Mayer). – Ich kann gegebenenfalls auch eine psychotherapeutische Fachberatung suchen; denn als Gewinner darf ich um Hilfe bitten, Verlierer meinen alles allein machen zu müssen. Statt der üblen Du-Zuschreibungen kann ich – sogar mit weniger seelischem Energieaufwand – mit liebevollen Worten und Taten (wie z. B. eine sanfte Umarmung, einem Kuß oder einfach „nur" einem freundlichen Zulächeln) dem/der anderen und damit auch mir selbst den Alltag verschönen: Wie hübsch du heute ausschaust, dein Essen schmeckt vorzüglich, ich bewundere deine Geduld den Kindern gegenüber, ich danke dir für deine Hilfe von gestern, ich freue mich auf unseren gemeinsamen Abend, du bist lieb. – Bei solchen wohlmeinenden Umgangsweisen, bei denen beide auch ihre Wünsche freimütiger äußern können, verlieren unser beider ungeliebte Wesenszüge voreinander an Gewichtigkeit, mancher Zank erübrigt sich nach dem Motto: „Was du willst, das man dir tut, das füg auch deinem Partner zu." – Schafft Platz für aufbauende und klärende Auseinandersetzungen über Streitpunkte. Ich sollte vermeiden, die/den anderen unter Druck zu setzen, denn das führt zu unbedachten (irrationalen) Kurzschlußentscheidungen aus der bedrängten Position des „Rücken zur Wand". Stattdessen den Dialog, das Gespräch suchen und dafür auch einen Vorschuß an Vertrauen entgegenbringen. Dieses Vertrauen zahlt sich nach meiner Erfahrung in der Zweierbeziehung aus, und ich glaube auch in der Beziehung von Nachbarn, Parteien, Ländern, Blöcken. – Vertrauen ist die Basis für Liebe und Frieden, und jeder Mann und jede Frau wird sich für Frieden einsetzen, wenn er/sie die Welt und ihre Lebewesen liebt. Dazu lohnt es sich, auf sein Herz zu hören, auch wenn es gegen den Strom steht.

– Unser *„geheimer Beziehungsvertrag"* [17] ist zu erforschen. Wir alle denken und entscheiden mehr oder weniger irrational (vom Unbewußten beeinflußt). Unser Ehevertrag, warum wir aus diesen oder jenen Beweggründen und Abwägungen eine Partnerschaft eingehen, bleibt davon nicht ausgenommen. Wie sollten sonst die vielen Symbiosen (siehe 2. Kapitel) zustandekommen? Wir müssen uns eingestehen, daß unser zwischenmenschliches Zusammenleben eben nicht von unserem Verstand bestimmt wird, sondern vorwiegend aus unserem Unbewußten. Diese großartige Entdeckung S. Freuds war die dritte Kränkung des neuzeitlichen Menschen. (In der ersten ernüchterten uns Kopernikus und Kepler, daß unsere Erde nicht das Zentrum des Universums bildet, und mit der zweiten zeigte Darwin, daß wir Menschen nicht eine spezielle Schöpfung Gottes sind, sondern „nur" ein Teil von ihr.)

Wir können uns mit Hilfe der Skriptanalyse [6, 36] einige unserer Elemente bewußt machen, die wie ein Schlüssel in ein Schloß des Partners klicken und so mit zu Symbiosen führen, die wie „die Faust aufs Gretchen" passen. Z. B.: Sie glaubt von sich, keine Frau zu sein. Sie „sucht" sich einen Mann, der keine Frauen mag. Später wird sie sich bei ihm beschweren, daß sie nicht Frau sein darf. Sie entlastet sich dann (natürlich unbewußt) in dem Spiel: „Wenn du nicht wärst ... (könnte ich Frau sein)". Oder ein Opfer („Ich bin nichts wert") findet einen Retter für ein scheinbar neues Lebensgefühl: „Ich bin nur liebenswert, wenn du mich brauchst." – Gruppenteilnehmer durchforschen mit zunächst scheuer Neugierde, bald aber als wahre Seelendetektive ihre zur Skriptanalyse benutzten Lieblingsmärchen und Geschichten und stoßen dabei manchmal auf erstaunliche Zusammenhänge. So ist manchem nicht bewußt gewesen, daß der einst vielgelesene, lebensfroh dargestellte Alexis Sorbas ein übler Gauner ist. Oder daß der so sehr geliebte „Kleine Prinz" seinem Selbstmordskript folgt. Oder: Ein sehr sympathischer junger Mann klagt über Beziehungsschwierigkeiten mit Frauen, was mir und den Zuhörenden, seines angenehmen Wesens wegen, zunächst nicht einleuchten will. Er erzählt seine beiden Geschichten: Schneewittchen und Kassandra. In beiden idealisiert er (sein KIND) eine Frau. Das kann kein Zufall sein. Ich ließ die hauptsächlichen Charakterzüge und Taten beider Frauen zu „seiner Frauengeschichte" vereinen, die beginnt: „Eine junge, schöne, liebenswerte Frau von hohem Geblüt verläßt ihr Zuhause ..." Als ich ihn frage, wer diese Frau in seinem Leben sei, antwortet er glaubhaft, er wisse es nicht; ja er war sogar erstaunt, daß diese Frau etwas mit ihm zu tun haben solle; doch er zeigte sich betroffen. Noch am selben Abend rief er seine Mutter an und erfuhr, daß er eine jüngere Halbschwester habe, die – weil unehelich geboren – schon früh aus der Familie heimlich fortgeschafft worden war. Sein bewußter Verstand sollte also nie Kunde erhalten von dem, was sein kleiner Junge (sein KIND) längst „wußte" und der die Ausgestoßene als idealisierte Frau schon längst seiner „inneren Familie" – seinem Herzen – wieder zugeführt hatte. – Ähnlich diesem Klienten finden manche in der Skriptanalyse neuen oder ersten Zugang zu eigenwilligen oder sehr sensiblen Vorfahren, z. B. dem Onkel, der im Gefängnis saß; der Tante, die abgetrieben hat; dem Opa, der sich selbst getötet hat. Die ausstehende Lösung wird von den Betreffenden meist intuitiv gefunden: Wiedereingliedern des ausgestoßenen „schwarzen Schafes" in die Sippe, an den ihm gebührenden Platz. Dann stört er/sie auch nicht in der neuen Partnerschaft und Familie, sondern kann in seiner besonderen Wesensart wirken – oft zum Segen des Ratsuchenden. So meinen Eltern, Lehrer und Geistliche oft, Kinder vor etwas vermeintlich Bösem schützen zu müssen, doch was sie erreichen, ist, daß diese Kinder zu Geheimnisträgern und stillen Mitverschworenen werden und später in der Haut eines recht vernünftigen Erwachsenen, jedoch ohne dessen Wissen, das einstige Unrecht sühnen wollen – aus Liebe zur Ursprungsfamilie (dem Urbild nach E. Berne). – Die Frage, woher Kinder „so etwas wissen" können, ist nicht beantwortbar. Wir wissen nur aus solchen nicht seltenen Erfahrungen, daß da Kräfte wirken, die wir nicht kennen.

Dem einen oder anderen mag folgender Bericht eines „Gewinners", der sich auch einmal ungeliebt wähnte, über seinen Auswahlprozeß vielleicht einige Hinweise geben: „Nachdem ich mich bereits damit abgefunden hatte, Junggeselle und damit unabhängig zu bleiben, lernte ich kurz hintereinander zwei grundverschiedene Frauen kennen, die mich – jede auf ihre Weise – faszinierten. Beide zeichneten sich aus durch Liebreiz, Anmut, sehr angenehme Umgangsart, Allgemeinbildung, Tüchtigkeit in ihren Berufen, Liebe zur Musik und allgemein zur Kunst. Doch charakterlich verkörperten sie geradezu Gegenpole, die eine quirlig-lebendig im Überschwang ihrer Gefühle auf Verschmelzung drängend; manchmal schon überschäumend, schnell begeisterungsfähig; in ihrer Gegenwart war immer was los, war Dampf in der Bude, sie zauberte zum Entzücken meines kleinen Jungen ein sprühendes Feuerwerk nach dem anderen und verschaffte sich somit spektakuläre Erinnerungen. – Die andere gab sich eher ruhig, gleichmütig, auch begeisterungsfähig, bewegte sich jedoch im glaubwürdigen Rahmen; sie konnte sich an Kleinigkeiten erfreuen wie einer Blume, einem Stein, einem singenden Vogel, einem schillernden Tautropfen, einem kleinen Gruß von mir. Was sie hatte, daran freute sie sich, was sie nicht besaß, das entbehrte sie nicht. Wenn wir uns trafen, wirkte sie durch ihr freundliches, liebevolles Wesen, ohne sich überanzupassen. Sie ließ auch ein deutliches Nein verlauten, so daß ich wußte, woran ich bei ihr war. Von Mal zu Mal fühlte ich mich wohler mit ihr, erlebte Frieden.

Die eine hingegen verhehlte auch nicht ihre Wünsche: Schmuck, Kleider, Empfänge, Luxus, Pracht, Tanz und Spiel. Diese aufs Äußere gelenkte ästhetische Erlebniswelt faszinierte mich besonders, da ich sie bei mir selber in den Schattenbereich verdrängt hatte. Ich spürte deutlich den Sog zur Ergänzung – zur Verschmelzung mit diesem lebensfrohen, flatternden Schmetterling. – Ihr Streben und Trachten richtete sie auf ihren Hochzeitstag aus, er sollte der Höhepunkt ihres jungen Lebens werden. Das „danach" kümmerte sie jetzt nicht. – So fragte ich mich, was ich denn von meiner einstigen Frau wolle. Wird der mich anziehende Gegensatz noch in 20 oder 30 Jahren erlebbar sein? – Wird das angenehme Gefühl der Zweisamkeit den Verlust der Eigenständigkeit aufwiegen? – Werde ich sie als alte Frau noch mögen und sie mich als alten Mann (soweit diese ferne Zukunft jetzt überhaupt schon zu planen ist)? – Möchte ich wirklich täglich mit ihr zusammen sein, bzw. freue ich mich auf sie nach einer etwaigen Trennung? – Werde ich sie vergessen, wenn ich anderen reizvollen Frauen begegne? – Wie verhält sie sich in gespannten Situationen? – Ist sie zuverlässig, aufrichtig, wankelmütig, verzagt, launisch oder rücksichtsvoll? – Wie vermag ich ihr in seelischer Notlage zu begegnen? – Kann ich ihre Eigenarten tolerieren, und darf ich die meinen behalten? – Und vor allem: wird sie unseren Kindern eine gute Mutter sein? – Werde ich mich an und mit ihr weiter entfalten können? – Wird mein ICH das DU wertschätzen und mit ihm ein gemeinsames WIR schaffen, diesen dritten Wert in jedem Zweier-Bunde? – Beim Überdenken dieser klaren Fragen kam ich bald zu dem Entschluß, daß ‚gleich und gleich gesellt sich gern‘ auf Dauer eine tragfähigere Partnerschaft ergibt, als ‚Gegensätze ziehen sich an‘.

Die andere und ich heirateten sehr bald, und ich fühle mich nach 16 Jahren erlebnisreicher Ehe mit ihr immer noch wohler als in meiner Junggesellenzeit. Vor allem wachse und reife ich an ihr und mit ihr im Sinne der Leitbildspiegelung [39], dem dankbaren Erleben eines zuverlässigen langsamen Glückes, zusammen älter zu werden."

Ich kann mit der/dem anderen reifen und meine Seele ausschwingen, wenn ich nicht mehr an ihr/ihm sauge oder sie/ihn nach meinen Vorstellungen formen will, sondern sie/ihn lasse. Ich kann andere leichter lassen, wenn ich als Mann meine eigene Weiblichkeit annehme (wie Intuition, schöpferisches Gestalten, Geschmeidigkeit, Anmut, ganzheitliche Fähigkeit zum Einfühlen in natürliche Rhythmen) und als Frau meine Männlichkeit (wie klares Denken, Geradheit, Urteilskraft, Festigkeit, Mut zur Tat). Dazu bieten sich uns mancherlei Hilfen an, wie z. B. Märchen und Mythen, so wie dieses aus Israel: Zwei Männer gingen zur Moschee, um dort zu beten. Zuvor wuschen sie sich, wie vorgeschrieben, die Füße am Brunnen. Der unvorsichtigere von beiden aber fiel hinein und fand sich in einem Brunnen wieder, der ein Jahr von der Moschee entfernt war. Dorthin kam ein Witwer zum Wasserschöpfen und fischte den Verunglückten aus dem Brunnen. Doch zu seinem großen Erstaunen hatte er eine nackte Frau im Eimer. Er dankte Allah, daß er ihm eine neue Frau geschenkt hat. Sie heirateten und hatten noch zwei Kinder miteinander. Die Frau versorgte die Familie gut und holte täglich Wasser am Brunnen. Nach sieben Jahren verlor sie eines Tages ihr Gleichgewicht und fiel hinein ... und kam heraus in jenem Brunnen an der Moschee – wieder als Mann. Er stieg heraus und erzählte seinem Begleiter, der gerade erst mit seinem Waschen fertig wurde, seine erlebte Geschichte, daß er für sieben Jahre eine Frau geworden war und zwei Kinder geboren hatte. Doch sein Begleiter wollte diesen „Quatsch" nicht glauben.

Kinder – biologische als auch die psychologischen in uns – brauchen für ihre seelische Entwicklung Märchen; denn diese sprechen die Gefühlsseite in einfacher und klarer Sprache an. Das ist gerade in unserer Zeit so wichtig, da das Bedürfnis nach Gefühlen, Naturerleben und Religiosität wächst.

Märchen stammen aus einer vorwissenschaftlichen Epoche, und Deutungen und Erklärungen vom intellektuellen Standpunkt her sind verfehlt. Das KIND hat noch den Zugang zu den Schichten in uns, die durch den Einfluß des Intellekts überlagert werden. Eine Erfahrung menschlicher Urbilder (Archetypen) bleibt im Märchen als „durchseelte Erkenntnis" lebendig und aktuell, so wie es gestern war und morgen sein wird. –

Märchen können grausam sein, aber Kinder besitzen eine enorme Fähigkeit, Grausamkeiten zu absorbieren und schadlos zu verdauen, treffen doch diese Grausamkeiten meist den Bösen und leisten damit der kindlichen Rechtsauffassung Genüge. – Auch gehen die Märchenheld(inn)en nicht gegen die Bösen an, sondern dulden sie – in einer Art passiven Widerstand, ohne Kampf. Märchen sollen nicht eingesetzt werden, um bewußt Angst zu machen oder zum blinden Gehorsam zu zwingen. – Bedeutsam sind Märchen zur Entwicklung des Gemütes als gesundem Boden für Aufgeschlossenheit gegenüber ideellen, kosmopolitischen Ideen aus der Welt der Natur, der schönen Künste und dem Religiösen. „Ein Kind, dem Märchen niemals erzählt wurden, wird ein Stück Feld in seinem Gemüt behalten, das in späteren Jahren nicht mehr bebaut werden kann" (Herder). „Wenn das Gemüt des Kindes nicht gepflegt und zum Blühen gebracht wird, wird es zur Wüste. Dann besteht die Gefahr, daß dieses Kind späterhin zu einem gemütlosen, phantasielosen, nur durch Sachzwänge bestimmten Menschen heranwächst, zwar geeignet zu einem gehorsamen Beamten oder tüchtigen Manager, aber nicht zu einem mitmenschlich gestimmten Bürger" (A. Rosenberg).

Nicht zu unterschätzen ist die Bedeutung der Märchen zur Lebenshilfe: sie geben mit all ihren wundersamen Helfern Zuversicht und machen optimistisch; zwar sind sie oft Luftschlösser – aber in guter Luft; sie regen die Fantasie an und erfüllen geheime Wünsche; sie geben Armen, Unterdrückten und Verlachten ihre Qualitäten und Chancen. Wenn im sicheren Rahmen und von lieben Menschen erzählt, verschaffen sie wohliges

Gruseln; vor allem schenken sie Geborgenheit und Kraft, nicht aufzugeben.

Diesen Vorgang, nämlich aus einer gütigen und wohlwollenden (ELTERN-)Haltung dem Gefühlsbereich (KIND) aufbauende Unterstützung zuzuwenden, nennen Transaktionsanalytiker „beeltern". Paare können sich untereinander ohne großes Gerede solche Zuwendung in Form von positiven Du-Botschaften geben: „Wie schön du das machst – ich freue mich auf dich – ich liebe dich". Oder eine einfache Umarmung oder die/den anderen mal in Ruhe *lassen,* das wirkt doch ein kleines bißchen anders als die häßlichen Beschimpfungen.

Das Beeltern ist eine der effektivsten Behandlungsmethoden der TA [40] und besteht aus einem liebevollen Erweitern und Ergänzen unseres ELTERN-ICHS [5] mit Botschaften, die auf uns (unser KIND-ICH) fürsorglich, fördernd, ermutigend, hilfreich und wohlwollend wirken. Z.B.: Du bist liebenswert, du bist eine kluge und anziehende Frau, du bist ein gefühlvoller und sympathischer Mann, du schaffst das leicht, nur guter Mut, alles wird gut, mit dir zusammen macht Arbeit Freude, ich finde dich wunderbar, ich mag dich, ich möchte mit dir spielen, ich habe dich lieb. Mit solchen unterstützenden DU-Botschaften werden zerstörerische innere Stimmen, die unser KIND beschimpfen, entmachtet. Diese lähmenden Einschärfungen [5, 36] können durch die aufbauenden Erlaubnisse zwar nicht ausgelöscht, wohl aber „in Pension" geschickt werden. – Beeltern können wir empfangen von reifen, warmherzigen Menschen; wir können uns auch selbst beeltern, indem wir gewünschte ELTERN-Sätze (in unser EL) neu aufnehmen. Dieses liebevolle Mit-sich-Umgehen ähnelt der Selbstbeeinflussung (Autosuggestion) z.B. von Coué [35].

Wir sehen in den Therapiekursen immer wieder Patienten (zumeist Männer), die „noch den ganzen Bauch voll Ärger und Wut haben". Sie wollen dann – wenn auch in der Vorstellung – auf ihre Eltern eindreschen und diese umbringen. Das Ausagieren dieser Mordlust mag im Augenblick einige Genugtuung erbringen, doch auf Dauer habe ich noch keine Erlösung des Patienten von seinem quälenden inneren Haßdialog beobachtet. Oft wird er sogar depressiv. – In den letzten Jahren habe ich beim Experimentieren mit dem Beeltern eine ganz andere erstaunliche Erfahrung gemacht und diese wiederholt bestätigt gefunden, trotz meines skeptischen Therapeutengeistes: niedergedrückte, hoffnungslose, verzweifelte Menschen müssen ihre Eltern in sich (in ihrem ELTERN-ICH) aufnehmen, so wie sie sind und wie sie waren; mit ihren Schwächen und ihren Stärken, mit ihren bösen Schattenseiten und ihrem wärmenden Licht; denn wo Schatten ist, muß auch Licht sein. Dann geschieht das Unerwartete: die „schlimmen Eltern" treten in den Hintergrund, die guten bleiben und wirken. Das gibt Kraft.

Ein Gruppenteilnehmer stellt sich uns mürrisch und mit finsterem Gesichtsausdruck vor, er zeigt deutlich, wie er mit sich und der Welt im Widerstreit liegt. Er ist todunglücklich und einsam. Kein Freund, keine Frau hält es mit Karl aus. „Niemand liebt mich", klagt er vorwurfsvoll. Einige Gruppenteilnehmer(innen) fürchten sich vor ihm. Als ich gerade „einen netten Jungen" unterstütze, seinen verhaltenen Ärger auszudrücken, springt Karl ein: „Endlich kann man hier seine Wut rauslassen, ich habe soviel davon, daß ich schier platze." Ich hindere ihn am Losbrüllen, wie er es real fast täglich mit seiner Mutter tut, einer jetzt 80jährigen Frau! Mich fasziniert Karls Energie, die er an seine vermeintlich hassenswerte Mutter verwendet. Diese Kraft kann nur von seinem KIND kommen, und sie zeigt sich im Haß einseitig, indem sie die andere Seite ausspart – die Liebe. Karl ist sich dessen nicht bewußt, sondern wird sauer auf mich, weil ich ihn seine Ärgermaske nicht ausagieren lasse. Die nächsten Tage kritisiert er an meiner Arbeit herum und isoliert sich völlig, doch ich wittere sein liebeshungriges KIND. Am vorletzten Tag schließlich – bei einer Beelterungsarbeit mit einer Frau – „bricht es aus ihm heraus", und in wenigen Augenblicken ist er ein kleiner Junge, das KIND von vor vielen Jahren. Die für ihn sorgfältig ausgesuchten Beelterungssätze und noch mehr das Streicheln und Gehaltenwerden saugt er auf wie ein ausgetrockneter Schwamm. – Einige Monate später schreibt er mir anläßlich des Todes seiner Mutter: „... ich bin so glücklich, daß ich mich mit ihr noch versöhnen konnte. Ich habe auch viel Gutes von ihr ... Unmittelbar nach dem Kurs habe ich eine liebe Freundin kennengelernt, und stell Dir vor, die mag mich! ..."

Karl bestätigt außerdem eine alte Grunderfahrung in der

Paarbeziehung: Solange wir mit unseren Eltern symbiotisch ver-schlungen sind, sei es überkritisch wie Karl oder überfürsorglich wie ein „Mamasöhnchen" oder die „ewige Tochter", solange sind wir nicht liebesfähig und damit unreif für eine tragfähige Partnerschaft. Wenn wir unsere Projektionen zurücknehmen, oder gar lassen, kann Liebe sich entfalten.

Ich kann dich (nicht) riechen

Bei der Beschreibung der verkehrten Symbiose und den aus ihr resultierenden ursprünglichen Sehnsüchten haben wir einen psychologischen Mechanismus kennengelernt, der zwangsläufig in einer Enttäuschung endet. Er hat noch einen Zwilling im sexuellen, animalischen Bereich. Wer kennt sie nicht, die plötzlich aufwallende Begierde beim Anblick eines sexuell attraktiven Menschen? Viele Frauen und Männer legen es gerade auf diesen Blickfang an. In diesem „Mehr Schein als Sein" finden sie sich von einer geschäftstüchtigen Kosmetikindustrie unterstützt und bestärkt. Auf einem Faschingsfest erkannte ich eine stille, schüchterne und unscheinbare Kollegin fast nicht wieder, so hatte sie sich „aufgedonnert". In diesem Rahmen gefiel mir die poppige Aufmachung recht gut, und als die Frau noch aktiv und unternehmungslustig wurde und dabei ein wahres Feuer aus ihren Augen sprühen ließ, fand ich sie ungemein attraktiv. Ich fragte mich, wieso ich diese Seite nicht schon früher an ihr gesehen hatte. Jedenfalls vergnügte ich mich an diesem Abend hauptsächlich mit ihr, und das mit viel Freude. Später wollte ich ihr gerade erklären, wie faszinierend sie sich zurecht gemacht habe, da ging sie zum Spiegel und legte ein Stück nach dem anderen ab: Kette, Ohrringe, Wimpern und Perücke. Als sie sich mir wieder zuwandte, erschrak ich regelrecht. Sie war wieder die ehemalige „graue Maus". Meine Reaktion ist ihr wohl nicht entgangen, denn sie verhielt sich ihrem Rollenwechsel entsprechend wieder zurückhaltend. Die erotischen Funken, die gerade noch so feurig zwischen uns gesprüht hatten, verloschen jählings. Ich ärgerte mich über sie – und über mich und erschrak über meine Erfahrung, ausschließlich auf einige geschickte Attrappen so intensiv sexuell zu reagieren. Wo blieben meine

Ideale über Charakter, Liebe, Schönheit der Seele? Hier erlebte ich zum ersten Male die Grenze meines Abwehrmechanismus (der Sublimation), des Verbrämens und Vergeistigens animalischer Triebimpulse. Ich begann im stillen S. Freud Abbitte zu leisten für meine dumme Überheblichkeit über seine Triebtheorie. Im weiteren Erleben mit mir, meinen Freundinnen und später im großen Umfang mit meinen Ratsuchenden und in Bedrängnis Geratenen wurde mir immer deutlicher, daß da ein animalisches Erbe in jedem von uns wirkt, das Tier in mir.

In der TA wird unser ELTERN-Ich beschrieben als die Summe der von uns in uns aufgenommenen (internalisierten) Elternfiguren und deren Verhaltensweisen [5, 36]. Diese Elternfiguren hatten ihrerseits wieder Eltern und diese ebenfalls. So können wir spielerisch nach dem Muster der ineinandergesetzten russischen Puppen die gesamte Menschheit in ihrer Entwicklungsgeschichte zurückverfolgen über die Affen, Säuger, Vögel, Reptilien, Fische, Weichtiere bis zum Einzeller.

Dieses biologisch-naturwissenschaftliche Schema mag vielen zu banal erscheinen. Gut, dann nehmen wir einen anderen, vielleicht geistvolleren Weg und gehen nach dem gleichen Prinzip der russischen Puppen zurück: Eltern – Großeltern – Vorfahren – und landen bei Adam und Eva, also mitten in der Mythologie unserer jüdisch-christlichen Kultur (siehe letztes Kapitel). Von all diesen faszinierenden Spielarten des Lebens haben wir rudimentäre Überbleibsel in uns, wenn auch in homöopathischer Verdünnung. – Auch in unserer individuellen Entwicklung durchleben wir während unserer ersten Tage in der Gebärmutter nochmals die gesamte Evolution im Zeitraffertempo, jetzt umgekehrt in folgerichtiger Reihe vom Einzeller bis zum hochentwickelten Säuger. So finden wir in unseren ältesten Gehirnteilen einige erstaunliche Ähnlichkeiten aus der Tierwelt gespeichert, insbesondere ein gewisses eigenständiges, vom Verstand der höheren Gehirnteile abgelöstes Reagieren auf ganz bestimmte Reize und Signale. Schauen wir uns die Signale an, die eine Frau für die meisten Männer „auf den ersten Blick" hin reizvoll, anziehend und schön erscheinen läßt: schlanke Gestalt mit den „typischen" Rundungen von Hüfte, Po und Busen; weiter lange gerade Beine, zierliche Füße und Hände, schlanker Hals, lange gewellte Haare, große Augen, lange Wimpern, leicht nach innen geschwungene (Stups)nase, volle Lippen (von Neidern oft als „Knutschmund" abgewertet). Haar-, Schuh-, Textilmoden, die diese Signalwirkung der „Weiblichkeit" (heute eher Sex-Appeal genannt) unterstreichen, halten sich sehr lange, kommen schnell wieder oder werden gar zur zeitlosen Eleganz.

Das typische Männlichkeitssignal wirkt umgekehrt natürlich ebenso auf Frauen: hoher kräftiger Knochenbau, ausgeprägte Muskelprofile, schmale Hüften, breite Schultern, kühner und etwas herber Gesichtsschnitt, der Klarheit, Umsichtigkeit und Erfahrung verspricht.

Menschen, die dem beschriebenen Muster entsprechen, wirken auf andere wie ein Blickfang; der optische Kanal, das Sinnesorgan Auge ist hier in erster Linie angesprochen. Diese Transaktion „Blickfang – Hinschauen" wird im Volksmund „Liebe auf den ersten Blick" genannt. Wo kommt da aber die Liebe her?

Als die Natur die Brutpflege entwickelt hatte, mußte sie ein neues Signal erfinden, das Mutter und Kind zusammenhielt; denn bislang (bis zu den niederen Wirbeltieren) kümmerten sich die Eltern nach der Eiablage nicht mehr um ihre Jungen. Alle neugeschlüpften Fisch- und Reptilienbabies wie Frösche, Schildkröten, Krokodile und Schlangen müssen sich vom ersten Tag an selbst versorgen. Erst die späteren, höheren Wirbeltiere, insbesondere die Säuger, sorgen in scheinbar rührender Weise für ihre Sprößlinge; die „Affenliebe" ist schon sprichwörtlich für diese Fürsorge.

Ein neu geschaffenes, die Brutpflege erst ermöglichendes Signal ist also das sogenannte „Kindchenschema". Es ist gekennzeichnet durch kugelige Kopfform mit großen Augen; die rundliche Stirn schwingt sanft in einer kleinen Stupsnase aus. Diesem Grundmuster folgen alle Säugetierbabies; sie signalisieren damit ihren Eltern, daß sie umsorgt werden wollen, da sie noch klein, hilflos, unerfahren, schutzbedürftig, kurz: zuwendungsbedürftig sind. Und die Tiereltern kommen – einmal menschlich gesprochen – dieser Aufforderung offensichtlich gerne nach; u. a. wegen jenes Kindchenschemas wenden sie sich ihrer Brut zu. Von Zuwendung zur Liebe ist es nur ein kleiner

Schritt, der eben typisch menschlich ist, da Tiere über so ein komplexes Gefüge wie Liebe wahrscheinlich nicht verfügen. Und wer von uns vermag sich schon dem Liebreiz eines babyhaften Geschöpfes zu entziehen. Kinder, die ja noch weit intuitiver sind und instinkthafter leben, also natürlicher als wir Erwachsene, sind ja ganz versessen auf solche Tiere. Wenn sie keine lebendigen haben können, dann doch wenigstens die Stofftiere, unter denen Bambi und Teddybär zu den beliebtesten zählen, eben weil Reh und Bär auch als erwachsene Tiere das Kindchenschema im Profil beibehalten, ebenso wie Seehund und manche Katzen und Hunde (z. B. Spitz).

Jetzt ist wohl verständlich, warum sich so viele Männer zu dem Kindchenschema entsprechenden Frauen hingezogen fühlen. Das hat zunächst mit Liebe nichts zu tun, sondern ist eben die uralte Reaktionsweise auf eine bestimmte anatomische Ausgestaltung. Und wenn diese Frau neben den oben geschilderten Weiblichkeitssignalen eine reine, samtene „Pfirsichhaut" zeigt, ist sie eben eine ästhetische Schönheit. Sie wird – ohne ihr Zutun – zum Ideal, zur Miss sowieso, zur Filmschönheit, zum Idol.

Welche Bedeutung dieser anatomischen Schönheit eingeräumt wird, weiß die Literatur vom Klassiker bis zum Groschenroman aller Zeiten und Kulturen zu berichten. Selbst die alte Götterwelt blieb nicht verschont, wie uns der Mythos über das verhängnisvolle Urteil des Paris in dreierlei Weise zeigt: Von drei Göttinnen will eine immer schöner sein als die andere: eine ergaunert sich den Titel „Miss Göttin", indem sie die Schwäche des Paris ausnutzt und ihn wiederum mit der schönsten Frau verlockt; dieser schönen Helena wegen bricht schließlich der bekannteste Krieg des Altertums aus.

Ebenso hat das „älteste Gewerbe der Welt" seinen besten Umsatz, wenn seine Vertreterinnen mit diesen rein anatomischen Qualitäten aufwarten können. – Im „Recht auf die erste Nacht" entjungferten oft Landesherren die Schönsten ihrer Untergebenen vor deren Hochzeitsnacht; ob dies von den Frauen ebenso als Vergnügen erlebt wurde wie von den Fürsten? Ich habe bislang von keinem bestätigenden Bericht erfahren. – Dem Fluch der Schönheit erliegen manche schönen Menschen beiderlei Geschlechts, wenn sie durch mangelndes Selbstwertgefühl den ih-

rer Eitelkeit schmeichelnden Verführungskünsten und Verlok-
kungen der zahlreichen Freier erliegen und in den bösen Traum
torkeln, sie würden um ihrer selbst willen geliebt. So klagte eine
schöne Frau: „Ich weiß immer noch nicht, wie es ist, geliebt zu
werden. Denn alle Männer umschwirren mich nur meines guten
Aussehens wegen."

Doch vom Erotisierenden einmal abgesehen ist es ein Genuß,
einen ästhetisch schönen Menschen anzusehen. Allein durch
sein Aussehen weiß er die Sympathien anderer zu gewinnen, insbesondere, wenn er sein schönes Äußeres durch apartes Auftreten und schicke Kleidung zu betonen weiß. Nach dem Motto
„Kleider machen Leute" ziehen sich manche z. B. zum Autofah-
ren besonders gut an, denn „wenn ich dann eine Panne habe,
kommt mir schneller jemand zu Hilfe". Das gleiche gilt für Vor-
stellungsgespräche und überall, wo ich eben wirken will. So auch
bei der Brautschau. Viele von uns verfallen beim Anblick einer
solchen aparten Schönheit einem gemeinen Trugschluß: Wir sagen uns innerlich, daß schön gleich gut ist. Das haben wir schon
als Kind in den Märchen gelernt, wo die schönste Prinzessin zugleich die jüngste und tugendhafteste war und der schönste
Prinz der edelste, klügste, eben der ersehnte Märchenprinz.
Und in den Hollywoodfilmen finden wir die klischeehafte Bestätigung dieser verführerischen Gleichung: schön = jung =
gut = glücklich.

Dies Bildnis ist bezaubernd schön ... singt Tamino zu Beginn
der „Zauberflöte" ein Miniaturgemälde von Tamina an, einer
Frau, von der er noch nie etwas gehört, geschweige denn sie gesehen hat. Auch wenn das Ganze als Gleichnis zu verstehen ist,
so ist es doch verfänglich, wenn er im Laufe der Arie diesem Bild
einer unbekannten Frau tugendhafte und hehre Eigenschaften
anfantasiert und schließlich sich eine seinen innigsten Wünschen
entsprechende Beziehungsfantasie ausmalt, die in der Hybris
gipfelt: „... und ewig wäre sie dann mein". Diese Arie schildert
eindrucksvoll den Vorgang einer „Verliebtheitstransaktion": Ein
einfacher Stimulus in Form eines kleinen Bildes eines Menschen,
sozusagen nur eine Art Fetisch (bei dem ja die leibhaftige Person
überflüssig ist) löst in mir körpereigene Reaktionen aus, die ich
durch entsprechende Vorstellungen von Wunschfantasien der-

art hochpeitschen kann, daß ich schließlich „Feuer und Flamme" für diese Person bin. Dabei blende ich einige Fakten aus: die freie Entscheidung des/der anderen (vielleicht will Pamina gar nicht „auf ewig mein" sein, oder überhaupt von mir nichts wissen). Woher bin ich mir ihrer/seiner Tugenden so sicher? Vielleicht ist sie/er eine Dirne, ein Taugenichts? Bilder können künstlich verschönert (retuschiert) sein und somit blenden.

Begegne ich schließlich meiner/m „Traumfrau/Traummann" in Wirklichkeit und lerne sie/ihn allmählich näher kennen, so kühlt mein „Feuer und Flamme" bald ab, denn meiner lebhaften Vorstellung kann kein leiblicher Mensch entsprechen – auf Dauer! Und ich muß einsehen, daß ich zu viel fantasiert – mich eben getäuscht habe. Und je mehr Wirklichkeitsbezug ich vorher ausgeblendet habe, desto größer ist jetzt die Enttäuschung, wie sie wohl jede/r von uns schon erlebt hat.

Ob Tamino seine Arie ebenso sehnsuchtsvoll gesungen hätte, wenn er das Bild einer Durchschnittsfrau zu Gesicht bekommen hätte oder gar das einer Pamina, die zwar sämtliche in dieser Oper gezeichneten Tugenden besäße, jedoch von der Natur mit wenig anatomischem Liebreiz ausgestattet wäre? Das Thema der Tamino-Arie ist sehr aktuell, da gerade Männer (mehr als Frauen) eine mögliche Partnerin zunächst an ihrem Äußeren bewerten. Heiratsanzeigen z. B. beschreiben oder suchen ein bestimmtes Äußeres, und die meisten fordern ein Bild an. Entspricht das dann nicht „meinem Typ" oder wird gar als unschön erachtet, fällt der/die Bewerber/in aus.

Der Stimulus, der von körperlich (besonders im Gesicht) entstellten Menschen ausgeht, führt oft zu einem flauen Gefühl in der Magengegend, das über unangenehme Verspannungen und Verkrampfungen bis hin zu Ekel gehen kann. Hexen und Teufel lösen Abscheu in uns aus, weil sie unserem idealen optischen Körperschema in vieler Hinsicht nicht entsprechen. Sie verleiten uns (natürlich nur irrational) zu der Gleichung: häßlich = alt = schlecht = unglücklich. Um diesem Trugschluß nicht zu erliegen, müssen wir einige Seelenstärke aufbringen. Kinder können über Bucklige, Hakennasen, Brillenträger oder sonstwie in ihr Körperschema nicht passen wollende Menschen spotten. Jugendliche in der Pubertät, in der sie ohnehin sehr verletzbar sind, leiden unter ihrem mit Pickeln übersäten Gesicht; und das gerade jetzt, wo die Interessen am andern Geschlecht so wichtig für ihr soziales Ansehen und Selbstwertgefühl werden.

Für Paarbeziehungen können anatomische Unebenheiten einen wesentlichen Störfaktor oder gar Hinderungsgrund darstellen. So soll sich z. B. J. S. Bach um die begehrenswerte Organistenstelle der Lübecker Marienkirche beworben haben; doch diese war an die Heirat der Tochter des D. Buxtehude gekoppelt. Als Bach diese gesehen hatte, verzichtete er auf beides. G. F. Händel reagierte zuvor ebenso. – Oder da lebten einmal zwei hübsche Schwestern zusammen, deren einer Gesicht kürzlich durch die Blattern sehr entstellt worden war. Diese nahm einen blinden jungen Mann zur Pflege bei sich auf, um nicht so allein zu sein, wenn all die Freier nur ihrer Schwester den Hof machten. Sie ermöglichte dem Blinden eine Staroperation und pflegte ihn in der Folgezeit, da die Augen noch verbunden blieben, besonders liebevoll, auf Grund dessen sich der Mann in sie verliebte und sie zu heiraten versprach. Als endlich der Augenverband abgenommen werden konnte, trat auch ihre putzsüchtige Schwester hinzu, nachdem sie das Bett des Kranken bislang gemieden hatte. In seiner Freude, nun wieder sehen zu können, streckte er seine Hände voll Dank – der strahlend schönen Frau entgegen; denn er war sich sicher, daß nur diese ihn gerettet haben konnte.

Schönheit kann blenden, sich selbst und andere, und verführt zu hehren Beziehungsfantasien. Häßlichkeit kann verschrecken und zu abstoßenden Beziehungsfantasien verleiten. Diese Erfahrung mußten sich die Teilnehmer eines Seminars in ihrer spontanen Reaktion auf zwei Männer eingestehen, die die jeweils extremen Positionen vertraten: einer schön wie Adonis, der sich schwertat, weiblichen Verführungskünsten zu widerstehen, und einer, der wegen seiner ausgesprochenen Häßlichkeit keine Frau fand, trotz seines Witzes und seines wachen Geistes.

G. B.·Shaw berichtet, daß ihm eine Filmdiva einen Heiratsantrag gemacht hatte: „... und was für Kinder könnten wir haben, wenn diese meinen Körper und Ihren Geist in sich vereinigten!" Shaw erwiderte lakonisch: „Das wollen wir doch lieber lassen; es könnte auch umgekehrt sein."

Immer wieder wird Erstaunen darüber zum Ausdruck gebracht, „daß ich mein Gegenüber optisch plötzlich ganz anders wahrnehme, obwohl es sich objektiv nicht verändert hat". Oder eine Frau erinnert sich: „Als ich meinen Bräutigam so still und regungslos aus dem Fenster schauen sah, wandelte sich sein Gesicht in ein mir fremdes, obwohl er keine Miene verzog. Das ängstigte mich ... " Eine Erklärungsmöglichkeit finden wir in der Experimentalpsychologie: Wenn wir uns einen Würfel durchsichtig denken, dann können wir ihn vor unserem inneren Auge im Raume kippen lassen, dergestalt, daß wir ihn einmal von vorne oben sehen, wenn die Kante b die vorderste ist. Ein andermal können wir ihn (ohne an der Abbildung etwas zu verändern) von vorne unten sehen, wenn wir die Kante a in den Vordergrund treten lassen. Tun wir das mehrmals hintereinander, kann es uns flau im Magen werden.

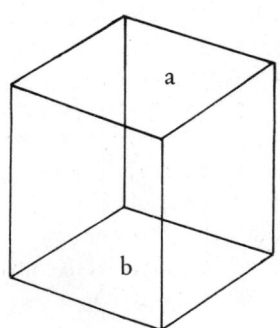

Ein weiteres Beispiel dafür, wie relativ unser Wahrnehmungsvermögen ist, zeigt (vielleicht für Partnerschaften besonders geeignet) folgende Abbildung: Zwei sich mit je einer Ecke überlagernde Quadrate bilden zwischen sich eine (rechteckige) Zone innigen Berührens. Sehen wir aber in der gleichen Abbildung zwei Winkel, die sich mit den Enden ihrer Schenkel gerade eben berühren, dann ist das kleine Quadrat zwischen ihnen Luft.

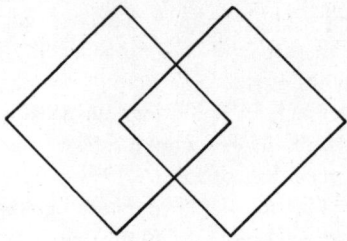

Solche einfachen Kippbilder, wie auch „junge Frau/alte Hexe," haben schon manches „Ich habe genau gesehen, wie du …" oder „Du bist so anders geworden …" verstummen lassen.

Manche der hier beschriebenen Muster für Schönheit mögen klischeehaft klingen und einseitig auf das „schöne Geschlecht" beschrieben sein; denn das Kindchenschema gilt natürlich nicht für den Mann. Es ist begrüßenswert, wenn Frauen sich gegen diese überzeichnete Schablone wehren; dann bräuchten sie sich nicht mehr von der Werbung als aufreizender Blickfang vermarkten zu lassen. Es gibt ja heute kaum noch Artikel ohne „Sex-Appeal" zu kaufen, vom Shampoo über Unterwäsche bis zum Auto. Und auf den Illustrierten sind meistens Frauen abgebildet. Offenbar besteht bei uns Käufern doch ein gewisses Verlangen danach, sonst würden die „in Frau verpackten" Waren nicht so gut verkauft.

Die Männer scheinen in dieser Konsumwelt „edler" dazustehen, z. B. bei der Zigarettenwerbung. Vielleicht nur kompensatorisch; denn ursprünglich, im Tierreich, sieht das etwas anders aus: In erster Linie geht alles um die Nachkommen. Deswegen suchen die Weibchen weniger die Schönheit als vielmehr Stärke, Macht, großes Revier, oder menschlich ausgedrückt: Reichtum und soziale Sicherheit, um ihren Jungen größtmögliche Lebenschancen zu bieten. Sie sind also wählerischer, während die Männchen sich eher promiskuitiv verhalten, weil sie weniger investieren. Denn nach der Empfängnis hat das Weibchen keine Wahl mehr, wogegen das Männchen gleich wieder auf neue Brautschau gehen kann. – Dazu muß es sich allerdings auffällig herausputzen und mit Imponiergehabe zur Schau stellen, damit es von Weibchen überhaupt beachtet wird.

Beim Menschen dagegen hatte das Schminken und Putzen ursprünglich religiöse Bedeutung, z. B. bei alten Hochkulturen, im Hohen Lied und heute noch bei sogenannten Primitivkulturen.

Manche Frauen, die ihrer Schönheit wegen auch über ihren Tod hinaus berühmt, ja legendär geworden sind, werden gerne als Verkörperung der kollektiven Anima, des weiblichen Seelenanteils in uns angesehen. Anima heißt übersetzt: Atem und Seele. Animal heißt: Tier, Geschöpf. Welch schöne und sinnvolle Verwandtschaft zwischen Geschöpf, Atem und Seele (wenigstens im Lateinischen)! Sie läßt uns Menschen vielleicht etwas bescheidener werden und ehrfurchtsvoller vor dem Leben schlechthin. – Die alten Ägypter, die die Schönheit liebten – besonders die des Auges –, stellten ihre Gottheiten mit Tierköpfen dar. Welch ein Affront gegen unsere heutige Kopf-Lastigkeit! – Doch wir wissen auch, daß Tiere – die Eule, die Schlange – als Symbol für Weisheit gelten. Und in Mythen und Märchen erscheinen unsere Schattenfiguren häufig in Tiergestalt. Diese verhilft dem Helden meist wider Erwarten zu Werten, die er ohne Tierhilfe nie hätte erlangen können, z. B. „der gestiefelte Kater". Allerdings müssen wir diese Tiere anerkennen oder ihnen einen Tribut entrichten, indem wir sie z. B. füttern, bevor wir unser Ziel erreichen, wie in „Das Wasser des Lebens". Wir müssen also etwas tun. Das Tun ist der Königsweg des Verstehens. Es vermindert die Angst. Die Erfahrung aus dem Umgang mit Träumen bestätigt das. – Das Umbringen von Schatten-Tieren führt meist zu Unheil (vielköpfige Hydra). – Zwar genießt der heilige Georg für seine Tat zeitlosen Ruhm, doch haben wir ihn im vorigen Kapitel von einer anderen Seite kennengelernt. Wie unbekannt ist dagegen die heilige Margarethe, die ihren Drachen an einer hauchdünnen Leine mit sich führt.

Ein anschauliches Beispiel für Tiere als Symbol für unsere tiefsten Gefühle ist Jesus in der Wüste: Er sucht die Leere der Wüste, um Abstand von seinem Krisenherd zu gewinnen und „zu sich" zu kommen. Dadurch wird ihm sein inneres Zerreißfeld umso bewußter. Dieser Zustand wird ausgedrückt in der Metapher: „... und er war unter den Tieren".

Das Auge hat im Tierreich eine große Signalwirkung. Diese wird bei vielen Tieren durch besondere Fellzeichnung unterstri-

chen, gewissermaßen als natürlicher Lidstrich. Der Mensch
weiß um die Ausdruckskraft des Auges, „Spiegel der Seele" –
„das Auge des ewigen Bruders" – „Auge in Auge" – „sich in die
Augen schauen". Ein Zeugungsmythos der Frühgeschichte
schreibt dem Auge sogar höhere Kraft zu als der Sexualität: Als
der große Kriegsgott Ninurta ... auch noch die hervorbrechen-
den Fluten zu bändigen weiß, da entbrennt die Erdmutter
Ninchursag in Liebe zu ihm. Er schaut sie darauf „mit dem Auge
des Lebens" an, und sie gebiert Kräuter, Wein, Honig und
Bäume. Auch die Rinder, die Schafe und überhaupt alle vierbeinigen Tiere werden von ihr geboren. Zuletzt bringt ihr Schoß
sogar Gold, Silber und Bronze hervor. Alles dies geschieht aus
jungfräulichem Leibe. Denn nicht die Umarmung und Zeugung
durch Ninurta bringt die Fülle dieser Wunder zustande, sondern
allein „dem Auge des Lebens" sind sie zu danken. Der Mann als
der Vater ist noch nicht begriffen. Aber anscheinend ahnt der
frühe Mensch, daß dem Mann irgendein unbegriffener Zauber
innewohnt, mit dessen Hilfe er bei der Fruchtbarwerdung der
Frau mitwirkt. Dieser Zauber liegt in seinen Augen und dem von
ihnen ausgestrahlten Licht.

Nach dem Auge spielt unter den Organen der Sinneswahrnehmung die Nase eine wichtige Rolle für den Kontakt bei Tier und
Mensch. Besonders im sexuellen Bereich wird die Geruchswahr-
nehmung deutlich von der Sympathie für die geliebte Person ab-
hängen: „Ich mag meinen Freund gerne riechen, besonders
seinen Penis; vorher ebenso wie nachher, obwohl der Geruch
ein anderer ist. Ich weiß gar nicht, welcher mich mehr anmacht.
Manchmal finde ich es schade, wenn er sich hinterher wäscht.
Doch dann behalte ich sein Handtuch bis zum nächsten Mal, damit ich mir in der Zwischenzeit wenigstens eine Ahnung seines
Geruchs erhalten kann." – Diese junge Frau meint natürlichen
Geruch eines sauberen Körpers, keinen parfümierten. Sie gehört
zu den Menschen, für die Riechen noch ein Genuß sein kann.
Ansonsten ist das Riechen bei uns Menschen geradezu verküm-
mert. Während Tiere an ihren Behausungen und Revieren Duft-
marken als „Namensschilder" anbringen und Freund und Feind
sowie Sexualpartner hauptsächlich am Geruch erkennen, oft
über weite Entfernungen, habe ich mit Ausnahme des Grenouil

in P. Süßkinds „Das Parfüm" noch keinen Menschen mit dieser Fähigkeit kennengelernt, obschon sich sehr viele mit allen möglichen Parfüms, Haarsprays, Lotions und Deos um Akzentuierung ihres Eigenduftes bemühen. Es ist sehr amüsant, die Reaktion auf Stimuli zu beobachten, die einzelne Menschen mit den sie umwehenden Duftwolken verbreiten. Die einen schnuppern voller Entzücken dem vertrauten Duft nach, während andere ihr Gesicht verziehen und sich die Nase zuhalten. Der Geschmack, der ja mit dem Riechen eng verknüpft ist, ist eben auch hier sehr unterschiedlich. Da sich unsere Nase schnell an alle Geruchsstoffe anpaßt, somit das eigene Parfüm nicht mehr gerochen wird, ist das Dosieren von Duftstoffen zur wahren Kunst geworden. So haben zwei befreundete Paare neulich ein schönes Konzert in der Pause verlassen, weil vor ihnen „ein Mann widerlich nach Deo stank". – Eine stets hübsch zurechtgemachte Frau fand in einer schützenden Therapiegruppe endlich die Antwort auf ihre Frage, warum sich bestimmte Männer – die sie besonders interessierten – von ihr brüsk abwenden: Ihr Parfüm ist zu stark aufgetragen. Sie will damit ihren rauchereigenen Mundgeruch übertünchen und merkt nicht, daß sie jetzt erst recht stinkt. Keiner hatte sich bislang getraut, sie darauf hinzuweisen, „aus Angst, sie zu verletzen". Ein solches Kneifen ist jeder Freundschaft abträglich. Jemanden auf etwas Peinliches taktvoll hinzuweisen, ist eine Kunst, die erlernt werden kann. Takt ist, mit dem Herzen des andern fühlen.

Nun möchte ich keineswegs gute Parfüms verteufeln. Ein dezentes make-up für Auge und Nase ist ein ästhetischer Genuß, doch ich finde es schade, daß so viele ihren Körpergeruch (allein dieses Wort ist ja schon negativ besetzt) in seiner natürlichen Form nicht mehr belassen. Die meisten Menschen riechen nämlich von Natur aus angenehm. (Viele Sprays, Deos, Parfüms und Cremes verursachen Allergien.)

Apropos stinken: Einen Beweis für die Giftigkeit von Abgasen liefert die traurige Tatsache, daß manche Selbstmörder sich durch direktes Einatmen von Autoabgasen umbringen! Wer sich beim Kennenlernen für Auge oder Nase zu sehr aufdonnert, mag damit vielleicht eine gewisse Selbstunsicherheit oder vermeintlichen Makel vertuschen wollen. Irgendwann wird die

Täuschung offenkundig und die schon brüchige Partnerschaft von einer erneuten Enttäuschung geschüttelt. Diese kann die letzte sein, wenn einer von beiden sagt: „Ich kann dich nicht mehr riechen, du ekelst mich." – Meinen Großeltern wurde – um diese Ernüchterung zu vermeiden – vor ihrer Hochzeit geraten, gemeinsam schwimmen zu gehen; denn Wasser duldet nichts Künstliches. Wie gut geht es uns da heute, wo Partner sich vorher auf „Herz und Nieren" prüfen können. Doch die meisten wollen geblendet bleiben (siehe 2. Kapitel).

Mit unseren vierbeinigen Freunden haben wir weiterhin gemeinsam die Bedürftigkeit nach Körperkontakt und Streicheleinheiten. Wir kennen bei uns bevorzugte Körperstellen zum Streicheln ebenso wie die Tiere, die sich behaglich am Bauch, hinter den Ohren, unter dem Kinn – Wale sogar unter der Zunge – kraulen lassen. Während Tiere noch ungeniert nach Körperberührung fragen, verbieten sich die meisten von uns die spielerische Unbefangenheit in dieser wichtigen sozialen Umgangsform. Am ehesten erlauben wir sie uns im Rahmen des Liebesspiels. Streicheln außerhalb eines festen familiären Gefüges wird beargwöhnt. (Vgl. das TA-Märchen von den warmen Kuschelchen [45].) Hierin mag ebenfalls eine der zahlreichen Wurzeln zum Scheitern von Ehen zu erkennen sein, daß nämlich vor allem junge Menschen im verunglückten Prozeß des Ablösens von zu Hause zu ihresgleichen drängen, um „endlich einmal die vermißte Nestwärme zu spüren ..." Diese Symbiose aus Bedürftigkeit kann schwerlich als Basis einer tragfähigen Partnerschaft dienen. – Da der in der TA ein zentrales Thema bildende „Zuwendungshaushalt" für Partnerschaften von großer Bedeutung ist, sei dazu auf die ausführliche Primärliteratur [45] verwiesen. Schon für Tiere ist der Körperkontakt (z. B. Lausen, Balgen) nicht nur lustvoll, sondern für ihre sozialen Bindungen untereinander unerläßlich.

Weiterhin haben wir von unseren vierbeinigen Vorfahren den Aggressions- und den Sexualtrieb geerbt. Beide animalischen Triebe dienten ursprünglich zur Erhaltung der Art. Aggression wird im deutschsprachigen Raum leider nur in negativer Bedeutung gebraucht, sie sei böse. Doch sie birgt auch die Quelle kühner Taten, des Tuns schlechthin, im Sinne des „Packen wir's an".

Denn übersetzt heißt Aggression: auf etwas zugehen. Somit gehören Aggressionen zum Leben ganz allgemein, sie garantieren Überleben. Durch komplizierte chemische Vorgänge im Körper werden Tier und Mensch in die Lage versetzt, bedrohliche und lebensnotwendige Bedürfnisse zu spüren, anzumelden und darauf zu reagieren. Wir müssen Aggression annehmen (nicht verteufeln), aber ihre starke, urtümliche Kraft auch nicht unterschätzen. Aggressionen, die sich nicht entladen können, die nicht mit Herz oder Verstand bewältigt werden können, stauen sich zu zerstörerischem Potential. Unterdrückte Aggression kann auch zu Depression führen. Menschen, die immer nur einstecken oder sich ducken, werden zerstörerisch oder machen sich selber kaputt. Darum müssen wir lernen, zu unseren eigenen Aggressionen zu stehen, sie aber auch bei anderen als etwas Natürliches anzunehmen. Von da aus erst kann ein gemeinsamer Weg gesucht werden, daß Aggression nicht in blinde Gewalt und Zerstörung umschlägt.

Daß die Natur aus ökologischen Regelsystemen besteht, die geschickt miteinander verknüpft wirken, ist bekannt. Sie dienen gelegentlich als Vorbild in technologischen Erneuerungen. Solche Verbundsysteme kennen wir auch im psychologischen Zusammenleben von Tier und Mensch. Sie sind für die seelische Gesundheit unerläßlich, so wie die Nahrungskette Gras und Frucht, Milch und Fleisch für die körperliche. Wird ein Glied dieses Lebenskreises zerstört, verbiegen andere sich zum Ausgleich, bevor das Ganze zusammenbricht. – Keiner von uns kann sich außerhalb eines solchen ökologischen Humansystems entwickeln, ohne dieses – sei es Ehe, Familie oder Betrieb – zwangsläufig zu schädigen. Viele versuchen das in der sogenannten Selbstverwirklichung, in der sie sich aus diesen Systemen befreien und Grenzen überschreiten wollen, die Grenzen des Körpers, der Lebensspanne, des Bewußtseins, des Wachstums. Manche Ratsuchende verstehen nicht, wenn wir (Therapeuten) Grenzen setzen. Denn an Grenzen wird Wachstum ja erst möglich. Sie fühlen sich dann in ihrer „Freiheit beschnitten, denn ich will rauchen, Auto fahren, Musik hören, mich ausbreiten usw. wann, wo und soviel ich will … Die anderen sind mir dabei egal …" Allein das Annehmen der positiven Umdeutung des letzten Satzes kann schon helfen: Die andern sind mir gleich-gültig. Daraus ergibt sich die Konsequenz, daß ich mich bescheide. Wenn ich mich z. B. in einer Partnerschaft ohne Rücksicht auf den anderen entwickle, so wird – das fordert die Gesetzmäßigkeit solcher Beziehungssysteme – unsere Beziehung gestört und schließlich zerstört. Wenn wir sie aber als begrenzte Wesen in Respekt vor der Eigenständigkeit des anderen aufeinander abgestimmt entwickeln, so leisten wir mit dieser Koevolution [53] unserer Beziehung psychologischen Umweltschutz.

In der Abstumpfung unserer Sinneswahrnehmung (z. B. für das Natürliche) sehe ich einen Hauptgrund für die zunehmenden seelischen Störungen einschließlich der Zerstörung unseres Lebensraumes. Die Reizüberflutung hat eine erschlagende Wirkung auf unsere Sinne und führt zu ihrer Ermüdung. Da wir vornehmlich durch sinnliche Erlebnisse lernen – negative (wie Verlust, Bedrohung, Krankheit, Schmerz) ebenso wie positive (Freude, Behaglichkeit, Glück, Liebe) –, vermindert sie die Abstumpfung unserer Gefühlsfärbung in Freude- und Leidensfähigkeit. Zwischen innerer und äußerer Verödung besteht ein Zusammenhang.

Die eine fördert die andere in einem Teufelskreis. Diesen gilt es zu erkennen und dann aus dieser Erkenntnis Konsequenzen zu ziehen, z. B. indem ich nach außen das mache, was ich im Inneren erkannt habe. Wer nur nach außen handelt – sei es aus Engagement oder Feindseligkeit –, erfährt Frust und innere Leere.

Es kann sich jeder leicht ausrechnen, wohin Bevölkerungsexplosion und Umweltzerstörung durch Atom, Chemie, Konsumabfall führt. Warum engagieren sich trotz dieses theoretischen Pessimismus so viele Menschen noch optimistisch? Woher nehmen sie die Kraft angesichts dieser Trostlosigkeit? Da diese Fragen oft von Ratsuchenden gestellt werden, hier einige bewährte Antworten: 1. Die erste Energiequelle liegt im Tun und Denken des Guten und Positiven, ohne andere ändern zu wollen – eine uralte spirituelle Weisheit der meisten Religionen. 2. Aushalten von negativen Gefühlen wie Angst, Ohnmacht (wie z. B. im Katastrophenjahr 1986 nach Tschernobyl und den Chemiekatastrophen am Rhein), mit ihnen umgehen, statt sie zu umgehen durch Ablenkung oder Suchtverhalten. Wenn dir das paradox erscheint, probier es aus! 3. Tut euch zusammen; ersetzt passive Verhaltensweisen [40] durch Tun. Viele Jugendliche wirken z. B. aktiv in Umweltgruppen von Greenpeace, WWF, BUND oder Deutsche Umwelthilfe. Ältere und/oder Schwache können diese sehr nützlichen Vereine durch zahlende Mitgliedschaft stärken. Jeder einzelne zählt! Oder die Frauengruppen, die unserer männlich-patriarchalischen Großmannsucht sehr konstruktive Ideen und Bestrebungen als sinnvolle Alternativen anbieten, die uns beschämen können: „Wenn die Männer nur das Siegen lassen könnten" [54], siegen über vermeintliche Feinde, siegen über Untergebene, siegen über die Natur, siegen über ... über ... über Gott. – 4. Aktiver Glaube.

Der Philosoph M. Horkheimer hat das Gesagte, das ebenso gut auf eine tragfähige Partnerschaft paßt, treffend zusammengefaßt: Man kann einem theoretischen Pessimismus einen Optimismus in der Praxis gegenüberstellen, wobei letzterer aus ersterem seine Kraft bezieht.

Abschließend aus dem Dialog eines Paares: „Wenn ich diesen Käfer so emsig die Halme auf und ab krabbeln sehe, dann fällt mir unwillkürlich Gott ein. – Was hat dieses Ungeziefer mit Gott zu tun? – Weiß ich nicht, aber irgendetwas in mir läßt mich dabei an Gott denken. – Ach, Deine komischen Gotteinfälle, das wird chronisch. Kürzlich bist du vor einem Gänseblümchen stehen geblieben. – Denke nur, ich stehe immer noch dort ..."

Was tun wir,
nachdem wir miteinander geschlafen haben?

... fragen sich manche Liebende, wenn auch nur im stillen, bevor sie miteinander schlafen (wollen). Zwar werden sie von ihrem Kopf keine befriedigende Antwort erhalten; doch wenn sie in sich hineinlauschen, können sie ihre innere Stimme wahrnehmen. Leider überhören viele von uns diese schützende Kraft und erleben dann (z. B. am Morgen danach) unangenehmes Erwachen; denn allen Liebesromanen, Schlagern, Unterhaltungsfilmen und Werbespots zum Trotz erwachen nur wenige glücklich, sofern sie überhaupt „danach" zusammen bleiben (wollen). Ein Adam wußte das klar zu unterscheiden: „Ich möchte mit vielen Frauen schlafen, aber nur mit einer einschlafen."

So manches späte Bedauern und Zerwürfnis könnten Liebende sich ersparen, wenn sie sich vorher Gedanken machten, z. B. über Empfängnisverhütung oder Infektionsgefahren (heute durch Aids wieder sehr aktuell). Meistens wird diese Vorsorge allein der Frau überlassen, doch kümmert sich ein verantwortungsbewußter und ethisch denkender Mann mindestens ebenso darum.

Die Reaktion „danach" hängt ab von dem Stimulus „davor". Wenn eine Frau einen Mann ehrlich wissen läßt, daß sie mit ihm schlafen möchte, wird er ihr aufrichtige Achtung zollen, bevor er ebenso offen mit ja oder nein reagiert. Leider ist diese klare Transaktion (Stimulus–Reaktion) auch heute noch eher die Ausnahme. Vielmehr läuft diese klar ihre Wünsche äußernde Frau Gefahr, als „Nutte" verkannt zu werden („die treibt's mit jedem"). Unter diesem Vorurteil mag bei dem Mann eine gewisse Angst vor einer aktiven Frau liegen, denn das aktive Auswählen ist er in unserem Kulturkreis als „sein Privileg" gewohnt. Wie soll er sich ohne dieses verhalten?

Umgekehrt sind viele Männer im Ansprechen einer Frau verunsichert. Sagt er ihr etwas Nettes oder verhält er sich zuvorkommend, könnte sie mutmaßen: „Na, der will doch nur das eine." Beachtet oder hofiert er sie hingegen nicht gebührend, so könnte sie gekränkt reagieren: „Unverschämter Flegel." – Es soll auch schon Männer geben, die eine Frau in ihrer Reaktion ernst nehmen und sich zurückziehen, wenn diese sich ziert oder Desinteresse vorgibt. Geradezu rührend erscheinen die unbeholfenen Annäherungsversuche der Jugendlichen, insbesondere, wenn „es das erste Mal ist". – Jeder von uns wird sich irgendwann die Frage gestellt haben: „Wie nähert man sich dem andern Geschlecht?" In der Trivialliteratur und den Aufklärungspraktiken „unter Frauen" und „unter Männern" heißt die Antwort oft: „paradox", d. h. sich „cool" geben, keine Gefühle zeigen, ja sogar erst einmal so tun, als ob die/der andere mir gleichgültig wäre, um somit sie/ihn „richtig aufzuheizen". Wie selbstgefällig kann ich mich da in dem Glauben wiegen, daß sich die/der andere in Liebeskummer nach mir verzehrt. Dann schmerzt der eigene nicht so sehr.

Solche Praktiken sind amüsante Spielereien, doch werden sie auch ernsthaft heute noch häufig angewendet in der Hoffnung, unbeschadet ans Ziel zu gelangen. Der Grund zum baldigen oder späteren Scheitern einer begonnenen Liebesbeziehung hat seinen Ursprung bereits in diesen als Psychospiel RAPO (Hilfe, Vergewaltigung [4]) gekennzeichneten Transaktionen. Z. B. berichtet ein Mann, der eine in Scheidung befindliche „hübsche, junge Frau nach seinem Geschmack" kennengelernt hat: „Sie war von Anfang an sehr vertraulich, offen und zugewandt. Bei unserem ersten Stadtbummel hakte sie sich wie selbstverständlich bei mir ein und duzte mich gleich, was ich nach dem ersten Befremden als angenehm erlebte. Als sie mich abends zum Zug brachte, wurde es mir schwer ums Herz; sie ließ sich nichts anmerken. In letzter Minute wagte ich endlich, sie in den Arm zu nehmen. Sie ließ es geschehen. – In der nächsten Woche rief sie mich jeden Tag an und bekundete ihre Sehnsucht nach mir. Ich glaubte zu träumen. Ich werde von einer schönen liebevollen Frau begehrt! Ich wähnte mich als glücklichsten Mann und begann, mir unser nächstes Treffen in den herrlichsten Farben auszumalen (Beziehungsfantasie). Endlich war es soweit, und ich klingelte bei ihr. Ihr Begrüßungssatz klang schroff: ‚Ach, du bist schon da. Ich kann heute aber nicht, mein Mann kommt wahrscheinlich.‘ Zu diesem jähen Wechsel noch ein eiskalter Blick. Ich fühlte mich vernichtet . . . "

Die charakteristischen Spielzüge (Anmachen, darauf Anspringen, jäher Wechsel, Enttäuschung oder anderes schlechtes Gefühl) werden zumeist als von der Frau ausgehend beschrieben, wie im obigen Beispiel. Doch Männer können und tun das ebenso. Allerdings setzen viele den „Wechsel" etwas später an, nämlich nachdem sie mit der Frau geschlafen haben, während Frauen meist vorher „wechseln".

Eine sehr häufig vorkommende Abwandlung dieses Psychospiels ist das nicht sexuelle „soziale RAPO": Ich verspreche dir etwas – du verläßt dich auf mich – ich halte mein Versprechen nicht (Wechsel: „hab ich vergessen") – du bist enttäuscht.

Die Lösung (Antithese) des RAPO: Gib deine Selbstgefälligkeit auf, in die du beim Erhaschen des Lächelns einer schönen Frau verfällst: „Die mag mich", oder noch eingebildeter: „Die ist scharf auf mich." Ich fände es schade, wenn Frauen wegen solcher männlicher Trübungen ihr Lächeln oder ihr „Zurechtmachen" unterließen, bloß weil viele Männer damit nicht umzugehen wissen. Ein Stück Ästhetik würde unserem Alltag verloren gehen.

Der Preis für ersehnte Innigkeit ist das Risiko, zurückgewiesen zu werden. Dieses Nein auf unsere Bemühung um den andern erleben wir als Kränkung unserer Person, was wir nicht ertragen zu können glauben. Um uns vor dieser Kränkung zu schützen, bedienen wir uns der vorstrukturierten Psychospiele, nach deren Durchlaufen wir uns allerdings schlecht fühlen und auf Innigkeit verzichten müssen. Nach der Erfahrung vieler Ratsuchender ist das Risiko der etwaigen Ablehnung doch das kleinere Übel, besonders wenn sie gelernt haben, es aus der o.k.-Grundhaltung zu nehmen (und zu geben), z. B.: „Ich erlebe dein Angebot wohltuend, doch ich möchte heute nicht." „Das finde ich schade, und ich kann dich verstehen."

Ein anderes häufiges Psychospiel bei etwas länger bestehenden Partnerschaften ist das nicht nur auf das Sexuelle bezogene

„Wenn du nicht wärst ..." In ihm wird die Verantwortung für eigene Befürchtungen oder Ängste auf den Partner abgeschoben (siehe Projektion): Eine hübsche übergewichtige Frau „streichelt sich" hauptsächlich mit Näschereien. Sie weiß vom Kopf her, daß sie sich mit ihren Fettpolstern verunstaltet. „... aber mein Freund will nicht, daß ich abnehme, weil ich dann weniger Busen hätte." Im Klartext heißt das: „Wenn er nicht wäre, könnte ich schön schlank sein ...", und weiter auf der verdeckten Ebene: „Wie schön, daß ich weiter naschen kann ..." Sie hat sich also den richtigen Freund ausgesucht und kann das getrost „Liebe" nennen. – Eigenverantwortlich würde diese Frau handeln, wenn sie unabhängig von ihrem Freund zu ihrem Körpergewicht steht und aufhört zu jammern, daß sie eigentlich schlanker sein will. – Oder ein Mann klagt, wie sehr er unter der Krankheit seiner Frau leidet und daß er seine Interessen völlig vernachlässigen müsse „wegen ihr". Doch als sie gestorben war, jammerte er noch mehr, daß er jetzt so einsam sei und nicht wisse, was er tun solle ... ohne sie ... – Dieser Mann könnte mit seiner sterbenden Frau die letzte seelisch-körperliche Nähe pflegen, noch Unerledigtes mit ihr klären und sich mit ihr auf den Abschied vorbereiten; nach dem Tode seine Trauer durchleben und dann sich dem Rest seines Lebens widmen. Menschen mit solcher Eindeutigkeit begegnen wir leider noch selten, da allzu sehr auf äußere Formen und Etiketten geachtet wird. Das Eigentliche darf erahnt werden: „Du weißt schon, was ich meine." – „Wir verstehen uns doch." – Ein wahrer Nährboden für Mißverständnisse. Doch wehe, einer steigt aus diesem verfilzten Dschungel von Psychospielen aus! Er wird als „Spielverderber" geächtet. Ehrlichkeit schockt, während „schöne Worte" angenehm wirken, selbst wenn sie als geheuchelt erkannt werden. Z. B. reden viele Männer von Herz und meinen Busen. – Andererseits entrüstet sich eine Frau über die Heiratsanzeige eines solchen Spielverderbers: „Tatkräftiger Mann sucht Partnerin mit Kopf und Po." – Sie änderte ihre ablehnende Haltung, als ich ihr sagte, daß ich diese Annonce im Gegensatz zu den meisten anderen verschlüsselten ehrlich und eindeutig fände. Ihr Problem war es, nicht über Körperlichkeit in ihrer Liebesbeziehung offen sprechen zu „können". Solch angstvolles Mißtrauen allem Körperlichen gegenüber wird immer wieder auch aus der christlichen Religion hergeleitet. Doch diese hat es zur Zeit ihrer Entstehung sowohl aus dem Gnostizismus übernommen, der das Heil des Menschen von der Erkenntnis der Geheimnisse Gottes und der Welt abhängig macht wie auch von dem von der Polarisierung in Licht und Finsternis ausgehenden Manichäismus. Dieser versprach Erlösung durch Wissen und körperliche Enthaltsamkeit.

Wir müssen unterscheiden zwischen dem Verdrängungsmechanismus, der unser unbewußtes und damit unfreiwilliges Verdrängen von körperlich-sexueller Triebenergie in den geistigen Bereich beschreibt (Sublimierung) und der eindeutigen Entscheidung, dem Sexuellen zu entsagen, um all meine Kräfte z. B. als Nonne oder Mönch einer geistig-spirituellen Hingabe widmen zu können. Wenn jemand die Sexualität in seinem Leben ausschließt, muß er sich einer anderen Form der intensiven Hingabe widmen, sonst verknöchert er. – Eine Ordensfrau fiel in eine seelische Krise, als ihr jemand in bezug auf ein Problem mit ihrem Vater geraten hat, das Keuschheitsgebot aufzugeben. Nachdem sie mit Hilfe der Skriptanalyse eine zufriedenstellendere Umgangsform mit ihrem Vater gefunden hatte, entschied sie sich neu für ihre Ordensregeln und war zufrieden mit sich und den andern.

Andere Menschen halten es eher mit dem Gegenteil, nämlich der sexuellen Genußsucht, indem sie „feeling" suchen um jeden Preis (bis hin zu „sex and crime" wenigstens im Fernsehen); sie sind Nehmer; denn sie wollen vorwiegend haben, nicht geben: „Ich will eine Freundin haben", „Ich will ein Kind haben", „Ich will dich haben." Da werden andere Personen dienstbar gemacht. Und es wird auf den Besitzanspruch gepocht: „Das ist mein Mann, meine Frau, mein ..." – Wer Liebe haben will, der gebe sie.

Um die Spannung zwischen solchen Extremen, die wir in unterschiedlicher Gewichtung in uns erkennen (z. B. die Hure und die Heilige, oder Saulus und Paulus), leichter abführen zu können, neigen wir zu einer doppelbödigen Moral: Einerseits zeigen wir auf so jemanden mit dem Finger, verspotten oder belächeln ihn (natürlich nur ganz dezent) und erleben uns dabei sehr

selbstgerecht: „Herr, ich danke dir, daß ich nicht bin wie jener
...“ – Bald verspüren wir andererseits einen gewissen Neid,
nicht auch von diesem Verpönten gekostet zu haben: „... doch
schmerzlich denkt manch alter Knaster, der von vergangenen
Zeiten träumt, an die Gelegenheit zum Laster, die er versäumt.“
An das sexuelle Verhalten des Partners bestehen unterschiedliche, oft sogar widersprüchliche Erwartungen. So wünschen sich
einige Evas, daß ihr Partner „doch mal etwas zärtlicher zu mir
sei, statt wie ein wilder Stier über mich herzufallen und sich
dann abrupt umzudrehen und zu schnarchen“. Oder: „Du bist
immer so lasch, pack mich doch mal fester an und stoß dann
richtig zu, sonst spür ich nichts.“ Oder: „Durch die Berührung
von dir werde ich nicht genügend erregt. Ich möchte mal so richtig mit Genuß ausgezogen werden – und nicht nur abends, wenn
wir ohnehin ins Bett gehen.“

Entsprechend wünschen sich einige Adams: „Du liegst immer
so bewegungslos da – so passiv. Beweg dich doch mal; komm
auch du mal auf mich zu; zeig mir, daß du Lust hast.“ Oder:
„Abends bin ich oft so müde, toleriere das doch mal bitte.“
Oder: „Verführ mich mal so, wie du es früher öfters getan hast,
das hat mich sehr angemacht.“ – Ich denke, wenn Partner so mit
sich umgehen, daß sie sich gegenseitig mitteilen, was sie mögen
und was nicht, pflegen sie eine gute Partnerschaft, in und an der
Wachstum möglich ist. So können sie Störungen, die in jeder
Paarbeziehung irgendwann einmal auftreten, gemeinsam und
konstruktiv lösen.

Männer und Frauen haben gleichwohl geheime Wünsche aneinander. So wünscht *er* sich eine liebe, brave, treue Frau, die er
gerne vorzeigen möchte; doch soll sie gelegentlich (zumindest
im Bett) die Dirne spielen. Natürlich ausschließlich für ihn! *Sie*
erträumt sich einen Casanova zum Mann, der nur sie galant um-
wirbt und verwöhnt – und das ein Leben lang; mit einer andern
täte er das allerdings *niemals!* – wünscht sie wenigstens.

So hegen wir alle fantastische Geheimnisse und bewahren sie
still, sehnsuchtsvoll oder angstvoll in einem stillen Winkel unserer Traumwelt. Und es ist völlig normal, solche Wünsche insge-
heim zu hegen, und manche sind sogar erfüllbar mit einem
entsprechenden Partner. Manchmal wird sich allerdings unser

Gewissen oder unser innerer moralischer Zensor (Krit. EL) melden und uns mit Liebesentzug drohen oder als pervers beschimpfen wollen. Unter Perversion verstehen wir „Formen sexueller Betätigung, die gewohnheitsmäßig auf andere Weise als durch ‚normalen‘ bisexuellen Geschlechtsverkehr Orgasmus und sexuelle Befriedigung erlangen." Die Möglichkeit zur Perversion steckt in jeder „normalen" Sexualität, denn der Übergang von „normal" zu pervers ist keineswegs eindeutig. Die Grenzen zum Abnormen sehe ich da, wo nicht mehr liebende Hingabe erlebt wird, sondern wo Partner nur noch zufällige Träger oder Vermittler einer verselbständigten Teillust sind. In diesem Sinne könnte die gleiche (nicht grob auffällige) Verhaltensweise in dem einen Fall als Spielart der Norm, in einem anderen als pervers angesehen werden. Dabei bleibt zu berücksichtigen, daß auf dem Gebiet der Sexualität schwerer noch als auf anderen Gebieten eine von Rücksichten und kulturbedingten Forderungen freie Norm aufzustellen ist. – Die oft gestellte Frage, welches Sexualverhalten denn eigentlich normal sei, wird einigermaßen zufriedenstellend so beantwortet: Dasjenige, welches beide Partner mögen, ohne daß eine(r) von ihnen (z. B. durch Erpressen) seelischen und/oder körperlichen Schaden erleidet. Jedes Paar entwickelt sein eigenes Sexualverhalten: von amüsanten Turnübungen bis zur biederen „Pastorenstellung". Letztere wird zwar öfters als spießig abgetan, doch für die meisten meiner Befragten war sie die Favoritin! Wenn sie gerne Cunnilingus (Zunge-Scheide-Kontakt) möchte oder Fellatio (Penislutschen) und er das als lustvoll empfindet, so steht es niemand an, über die beiden die Nase zu rümpfen. Wenn er (wie so viele Männer) sie gerne in den Po kneift oder beißt, sie das aber nicht will, weil es eben schmerzt, dann muß er sich halt zurücknehmen bzw. sich etwas anderes einfallen lassen wie z. B. die Pobacken massieren oder streicheln. Es ist unverständlich, wie oft sich an solchen scheinbaren Belanglosigkeiten unschöne Streitereien entzünden, bei denen es nur Verlierer geben kann. Wenn Partner sich dann gegenseitiger Perversion bezichtigen, sind das „Schläge unter die Gürtellinie". Sie resultieren ausschließlich aus einer tiefen Verletztheit des „Schlägers" und dienen einer momentanen scheinbaren Entlastung, bewirken aber das Gegenteil: dauerhafte, krankmachende Störungen in dieser Paar-Beziehung. – Gegen solche Verletzungen können wir uns schützen, indem wir wahrhaftig sind – uns als auch anderen gegenüber.

Entsprechend unserer Beziehungsfantasie legen wir bestimmte Erwartungen hinsichtlich sexuellen Verhaltens in unsere Partner. Wenn wir uns in diese versteifen, ohne auf die Rückwirkung beim anderen zu achten, können wir uns in Annahmen über den anderen verfestigen und uns eigene Vorurteile bestätigen. Einige der verbreitetsten *Trübungen* sind:

„Frauen brauchen weniger Sex als Männer." In diese Trübung spielen u. a. auch sonderbare gesellschaftliche Einstellungen hinein, die noch aus dem Mittelalter stammen. Da konnte es passieren, daß leidenschaftliche und voll orgasmusfähige Frauen als Hexen verschrien (und womöglich noch verbrannt) wurden, oder daß sie ein schweres Holzschild umhängen mußten mit der Aufschrift: „Ich bin eine Hure", so wie ich es in einem Heimatmuseum sah; ein entsprechendes Schild für Männer sah ich nicht. – Die Tatsache, daß es für Frauen keine offiziellen Bordelle gibt, kann wohl ebensowenig als ernst zu nehmender Beweis für diese Trübung herangezogen werden, wie die fragwürdige gesellschaftliche Einstellung, daß Frauen „aus gutem Hause" bis in unsere Tage hinein „sexuell unberührt" in die Ehe gehen sollten, wohingegen Männer vorher „genügend Erfahrung" sammeln sollten, nur – mit welchen Frauen? Die Antwort bleibt uns eine doppelbödige und für die Praxis des Alltags zu kurz gegriffene Moral noch schuldig. – Vielen Frauen wird noch immer beigebracht, daß sie nicht über Sexualität reden, daß Sex etwas ist für die Ehe, daß alles von selber kommt, „wenn du deinen Mann nur recht liebst", daß ein anständiges Mädchen nicht zeigt, wenn es sexuelle Lust hat. Weiterhin erhalten – und genießen – wir die visuelle Information über Filme, Fernsehen, Werbung und mannigfache Sexualliteratur, die uns glauben machen will, daß nur filmstarartige Frauen lieben und ein reges Geschlechtsleben haben können, und daß sie „immer und überall können und wollen", wenn ein „toller Mann" nur in der richtigen Weise auftritt. Somit entsteht der Eindruck, daß Sexualität etwas ist, was der Mann braucht und wozu er die Frau als willfähriges Sexualobjekt benutzt, und sie sich benutzen läßt, z. B. zum „Erfüllen ehelicher Pflichten".

Viele sensible Männer spüren heute, daß mit der „Männerwelt" irgend etwas nicht stimmt. Sie verzichten in der Liebesbeziehung mehr und mehr auf mannesübliche Revierkämpfe und Imponiergehabe und damit auf den eitlen Lustgewinn, den sie früher aus dem Verführen und Erobern bezogen [39]. An die Stelle dieser egozentrischen Lebendigkeit ist noch keine neue getreten. Unsicherheit und Rückzug prägen das Verhalten vieler sensibler Männer in unserer Zeit.

„Im Sexualverhalten ist die Frau passiv, der Mann aktiv." Zusätzlich wird ihm häufig die Verantwortlichkeit für die Befriedigung beider zugeschanzt. „Der schafft mich nicht", höhnen oder jammern manche passive Frauen gerne und benutzen Sexualität, um aus der Opferrolle in die des Verfolgers zu wechseln, um wenigstens daraus einen Lustgewinn zu ziehen, z. B. den des Triumphierens. Hingegen holen sich viele Männer (z. B. als „Machos") ihre notwendige Selbstbestätigung darin, möglichst viele Frauen zu verführen und vor allem „zu schaffen". Sie dünken sich als die Retter dieser Frauen, die „ohne mich so arm dran" wären. – Andere Männer reagieren mit Angst, bei ihrer begehrten Frau zu versagen und dafür von ihr verlacht und verspottet zu werden, daß er eben kein echter Mann sei. – Skriptanalytisch finden wir oft die unbewußten, darunterliegenden Beweggründe, warum dieser Mann gerade diese Frau (zur ergänzenden Symbiose) verlangt.

Eine erfolgreiche Lösung liegt hier im Rollentausch: Er wird passiv, läßt sich verwöhnen mit Streicheln, Küssen, Lecken, Reiben und allem, was er (und sie auch!) möchte, und genießt das. Sie dagegen übernimmt den aktiven Teil, indem sie mit dem Geschilderten – und was beide sonst noch möchten – ihren Partner im wahrsten Sinne des Wortes „behandelt". Das mag anfänglich ungewohnt, vielleicht sogar unangenehm sein. Doch da wir lernfähig sind, werden wir beide uns bald aktiv zuwendend und passiv genießend erleben. Manchmal setzen Menschen Impotenz bzw. Frigidität unbewußt ein, um eine bestimmte Unabhängigkeit vom Partner im Denken und Fühlen zu gewährleisten. So suchen z. B. wirtschaftlich abhängige Frauen ihre seelische Autonomie gelegentlich in der Frigidität. Und Männer mit einem starken Wunsch nach einer versorgenden Mutter mögen sich vielleicht in eine Impotenz flüchten.

„Mach mich glücklich" drückt passives Verhalten aus und damit Einladung zur Symbiose. Die erste Abwertung liegt in dem „ich kann das nicht und brauche dich" bzw. „du bist für meine Gefühle verantwortlich". Die Größenidee liegt in der Allmacht, die ich dem anderen über mich zugestehe und in meiner Ohnmacht. Das kommt in alltäglichen Beispielen deutlicher heraus: „Du machst mich ... wütend, traurig, angstvoll, verrückt ..." – Natürlich können Partner sich durch bestimmtes Tun (Techniken) zu mehr Lustgewinn verhelfen, doch das sexuelle Erleben kann jeder nur an seinem Körper verspüren. Während der Anfangsphase der sexuellen Erregung sind unsere Fantasien und Erwartungen mehr auf den anderen ausgerichtet. Auch wenn ich jetzt noch von „Verschmelzen", „Ineinanderversinken" oder „völligem Einswerden" träume, so ist in der letzten Phase der höchsten Erregung doch jeder empfindungsmäßig bei sich selbst, indem jeder für sich sein anschwellendes Pulsieren wie elektrisches Fieber erlebt. Dabei machen sich viele anregende Fantasien verschiedenster Art, die mit dem Partner so gut wie nichts mehr gemeinsam haben. Das ist auch völlig normal.

Die Liebesbeziehung wird dann gestört, wenn ich vorgebe, etwas Unangenehmes als angenehm zu empfinden, nur um meinem Partner einen Gefallen zu tun. Solches Überanpassen an den andern ist ebenfalls eine Form passiven Verhaltens und zementiert die darunterliegende Störung, nicht zu seinen Gefühlen zu stehen. Die unterdrückten Empfindungen werden wie Rabattmarken gesammelt und dem anderen „bei passender Gelegenheit heimgezahlt". Z. B.: In einem sich steigernden Streitgespräch faucht Eva: „... und überhaupt kann ich das nicht ausstehen, wenn du meine Ohren so ausleckst." Adam reagiert verblüfft: „Aus deinen Körperreaktionen habe ich geschlossen, daß dir das gefällt. Deswegen tat ich das; denn eigentlich mag ich das auch nicht, das schmeckt so bitter ..." – Oder: Eine junge Frau wirft in einem Streitgespräch ihrem Freund vor: „... und gestern abend schliefst du neben mir gleich ein, und ich habe so sehr gewartet, daß du zu mir rüberkommst und mich glücklich machst", worauf er erstaunt antwortet: „Ich dachte immer, Frauen wollen von Männern nicht dauernd belästigt werden, so hielt ich mich gewaltsam zurück in dem guten Glauben, dich so zufriedenzustellen ..." Beide unterliegen der Trübung, den anderen ... fühlen machen zu können, wobei beide ihre eigenen Gefühle und Wünsche mißachten. – Diese zu äußern, bzw. auch mal nein zu sagen, ist der Beziehung sicherlich zuträglicher.

„Orgasmus ist nur während des Beischlafes ‚normal' und möglich, am besten noch bei beiden im gleichen Moment." So denken viele Erwachsene. Beobachtungen (z. B. Hite Report 1976) zeigen, daß ein knappes Drittel der Frauen beim Sexualakt einen Orgasmus erleben und ebenso viele keinen. Das restliche gute Drittel erlebt ihn selten oder nur mit Stimulation der Klitoris. Diese Tatsache wollen viele Frauen (noch) nicht wahrhaben. Sie hasten von einem Mann zum anderen mit der Fantasie in ihrem Kopf: „Der wird mich vielleicht (oder bestimmt) schaffen, so männlich wie der aussieht." Oder „Mit dem wird es gelingen ... und wenn nicht, muß ich wenigstens so tun als ob, damit er mich nicht gleich wieder verläßt ..." So entwürdigen sich viele Frauen, wenn sie sich nach den Klischees der Unterhaltungsindustrie oder gar nach der Pornoliteratur ausrichten und damit großmannsüchtigen Männern helfen, sich zu Machos hochzustilisieren, die dann auch außerhalb des Schlafzimmers (nicht nur) Frauen tyrannisieren mit ihren Männlichkeitssymbolen wie Automodelle, gefährlich aufgerichtete Kanonenrohre und gar Raketen. – Wenn also manche gerade so tun, als ob das Erreichen eines Orgasmus an eine Art Leistung ausarten müsse, indem sie ihre Aufmerksamkeit stets darauf ausrichten, „jetzt werde ich bald befriedigt", übergehen sie ihr augenblickliches Empfinden in ihrem Körper. Und das ist ein wirklicher Verlust. Denn wenn du nicht fühlst, was jetzt ist, kannst du schwerlich erregt werden. – Viele glauben auch noch, daß sexuelle Befriedigung nur durch den Geschlechtsakt erlangt werden kann. Manche(r) erlebt durchaus mehr Lust bei anderen unterschiedlichen Spielarten wie Küssen, Streicheln, Lecken, Lutschen. Zärtlichkeit ist glücklicherweise wieder mehr gefragt, und Orgasmus ist zwar schön, aber wirklich nicht alles im Zusammenspiel von Liebenden.

Daß Sex schmutzig sei, glauben auch heute noch viele Menschen, weil sie es so in irgendeiner Art gelernt haben: „Ich finde Sex schmutzig und erlebe nichts dabei, aber wenn ich nicht nachgebe, bin ich bei den Männern – und Frauen – untendurch." Zu Hause hat diese junge Frau über Sex gehört, daß das nur etwas für Männer sei, „die sind wie die Tiere und wollen dich nur für das eine". Sie kennt kaum körperliche Gefühle, schämt sich über ihr Verhalten, ist unsicher und hat Angst, wie ihre Mutter ohne Ehemann mit einem Kind „sitzen zu bleiben". Gelegentlich läßt sie sich auf ein schnelles sexuelles Abenteuer ein – hinten im Auto oder sonst irgendwo, weil sie doch „dazu gehören will". – In solchem sich selber gegenüber lieblosen Verhalten drückt sich eine trostlose seelische Grundeinstellung eines Menschen aus. Es ist darüber hinaus zu beobachten, daß Porno (= Sex, bei dem mindestens ein Beteiligter – meistens die Frau – ausgebeutet wird) und austauschbare Sexualroboter Ausdruck sind eines brüchigen Lebensgefühls und zur Verdrängung tiefer Verzweiflung dienen. „Wer häufig wechselt ist bald Kleingeld!"

„Frauen ohne Unterleib (herausoperierte Gebärmutter) sind keine Frauen." Diese von vielen Männern vertretene Behauptung ist wirklicher Unsinn. Zwar können sie nicht mehr schwanger werden und haben auch keine Monatsblutung mehr, doch die hormonwirksamen Eierstöcke bleiben erhalten, und vor allem die für das Lustempfinden zuständigen Nervengeflechte sind unversehrt. Die meisten dieser Frauen – besonders wenn sie ihre Kinder schon „aus dem Gröbsten" haben – fühlen sich befreit von den periodischen Unbilden und freuen sich, daß „jetzt auch nichts mehr passieren kann". Das genießen sie sichtlich.

„Sterilisierte Männer sind kastrierte Männer" ist eine ebenfalls unsinnige Trübung und zugleich eine Abwertung von Männern, die Empfängnisverhütung nicht nur den Frauen überlassen wollen, sondern aktiv ihren Teil dazu beitragen. Zur Sterilisation werden ihnen die Samenleiter durchtrennt. Das beeinträchtigt das sexuelle Empfinden und die Potenz des Mannes in keinster Weise. Grüblerische Männer mögen gelegentlich diese Trübung so lange hin- und herwägen, bis sie fest an sie glauben und dann auch entsprechenden „Erfolg" verspüren. – Die Sterilisation bei der Frau besteht in einem Abbinden der Eileiter und hat ebenfalls keinerlei Einfluß auf das Lustempfinden.

„Mit zunehmendem Alter nimmt das Sexualleben ab." Damit rechtfertigen vielleicht einige Jüngere ihren Wunsch nach „mehr". Sehr viele Menschen, die aus ihrer Krise der Lebensmitte wieder ein Stück reifer hervorgegangen sind, erleben das sexuelle Zusammensein weniger gierig und erfüllter als früher, wo es ihnen oft mehr um Techniken und „Jagd nach Orgasmus" ging. Jetzt erlangen sie Höhepunkt und Befriedigung müheloser, obwohl die Schönheit der Jugend, die gewisse „Knackigkeit" vergeht. Aber es versiegt auch die hohe Empfängnisbereitschaft der jungen Frau und damit die das Lustempfinden beschneidende Angst vor ungewollter Schwangerschaft. Mehr und mehr verlagern die Partner den Reiz der einstmaligen körperlichen Anziehungskraft auf charakterliche und seelische Werte, insbesondere der Liebe, die ja zunächst mit Sex nichts zu tun hat. Daß mancher Mann und manche Frau gelegentlich wehmutsvoll nach den jüngeren schielt und sich über diese in Fantasien ergeht, ist nur allzu menschlich. Warum sich allerdings – entsprechend dem Mythos vom alten, weisen Mann und der schönen jungen Frau – mehr Frauen in ältere Männer verlieben als umgekehrt, ist mir nicht ganz klar. Dieses Erscheinungsbild nur gesellschaftlich erklären zu wollen, scheint mir unvollständig. Befragte Frauen „finden an älteren Männern keinen Anstoß", „fühlen sich geborgen" bei ihnen, sind sich „des Altersunterschieds nicht bewußt" oder „suchen den schmerzlich entbehrten oder geliebten Vater in ihm", mit dem sie auch schlafen können, ohne die Inzestschranke. Vielleicht greift auch die ohnehin intuitive Frau schon in eine höhere seelische Entwicklungsstufe vor. Während sie sich noch in der ersten, der Ich-Werdung, befindet, beginnt der ältere Mann bereits mit der zweiten, die ab der Lebensmitte den Weg vom Ich zum Selbst ermöglicht. Nach der Selbstfindung schließen wir das Leben mit der dritten und letzten seelischen Phase ab, der Reife und Weisheit. Mit einem älteren Mann könnte die Frau ihrem höheren seelischen Reifungszustand eher entsprechen. Vielleicht ahnt sie auch die Enge einer noch Selbst-losen Liebe.

In der Beratungspraxis will es manchmal scheinen, als hätte die Aufklärung und die sexuelle Freizügigkeit der letzten Jahrzehnte nichts oder gar unerwünscht Gegenteiliges bewirkt. Denn über die seelischen und skriptgebundenen Zusammenhänge wurde wenig oder gar nichts mitgeteilt. Und allzuoft wird Sex als Projektion eigener Unzulänglichkeit oder als Machtmittel gegen andere eingesetzt. So war ein leiser Spott im Ton einer Frau nicht zu überhören, als sie nach einem Geschlechtsverkehr zu ihrem Freund sagte, nachdem sie ihm „genügend Zeit zum Erholen" gegönnt zu haben meinte: „Na, wird das hier noch mal was mit dir?" – natürlich „wurde es nichts mehr."

Überhaupt ist der Mann durch die anatomische Bauart und außerkörperliche Lage seines Sexualorgans eindeutiger in seiner sexuellen Reaktion zu erkennen, damit aber zugleich verletzbarer. Er kann nichts vertuschen oder nur „tun als ob". Entweder hat er eine Erektion oder nicht. In dieser Beziehung hat es die Frau leichter, da ihr direkt nicht anzusehen ist, ob sie erregt ist oder nicht oder ob sie nur zu Gefallen sein möchte; notfalls nimmt sie ein Gleitmittel und kann bei einigem Geschick ihrem Partner etwas vorspielen aus unterschiedlichsten Beweggründen wie z. B. „aus Angst, ihn sonst zu verlieren". Oder auf der anderen Seite kann sie Lustlosigkeit vorspielen, obwohl sie sexuell anspringt, wohingegen ein Mann mit steifem Glied schwerlich vorgeben kann, keine Lust zu haben.

Eine Frau schmiegte sich beim Tanzen gerne an möglichst viele Partner an, um „ihren Steifen zu spüren; denn wenn die so auf mich reagieren, kann ich wieder Selbstbewußtsein auftanken". Als sie in einer Psychotherapie ihr Selbstwertgefühl dauerhafter festigte, bedurfte sie ihrer „Tanzmätzchen" nicht mehr, und bald konnte sie eine tragfähige Partnerschaft eingehen.

Andererseits schicken Männer, die mit ihren Frauen sexuell nicht zurechtkommen, diese zum Frauenarzt, weil „mit dir was nicht stimmt". Und viele Frauen nehmen diese abwertende Zuschreibung an und klagen z. B. „Mein Mann meint, ich sei unten zu eng, und manchmal tut es mir auch weh, wenn er eindringen will ..." Viele Frauenärzte und Ärztinnen verfallen daraufhin einem Fehler: sie untersuchen die Frau. Damit leisten sie ihrer und ihres Mannes Fantasie (Trübung) Vorschub, sie könne wirklich zu eng sein, selbst wenn dieser unglücklichen Frau nachher (über)fürsorglich versichert wird, daß bei ihr alles in Ordnung sei. Diese verbale/soziale Reaktion ist weniger wirkungsvoll als die psychologisch verdeckte (= dritte Kommunikationsregel [36]). Eine zu enge Scheide bei einer erwachsenen, geschlechtsreifen Frau gibt es nicht. Das sollte der Frau unzweideutig vermittelt werden. Danach kann ja eine Untersuchung z. B. im Rahmen der Vorsorge vorgenommen werden. – Allerdings gibt es Vaginismus, ein seelisch bedingtes Verkrampfen der Scheidenmuskulatur. Die Störung läßt sich erfolgreich durch Sexualtherapie beheben (z. B. Handlungsanweisungen und Gespräche).

Oft kommen Frauen in Beratung auf Bitten ihres Partners, weil dieser Mühe damit hat, daß sie nicht befriedigt wird. Hier kann ein Grund sein, daß der Mann sich in seinen Liebeskünsten fehlerhaft vorkommt, deswegen noch perfektere Sexpraktiken anstrebt und damit unbewußt seine darunterliegende Einschärfung „sei kein Mann" oder „schaff es nicht" bestärkt (Miniskript [36]). Hier könnte eine fachkundige Paartherapie die Störung mindern bzw. beseitigen. In diesem Zusammenhang noch ein weiteres Mißverständnis: „Orgasmus muß sein." Solch ein Sexualdogma treibt Männer als auch Frauen oft zu wahren akrobatischen Hochleistungen, wobei in ihren Köpfen nur das Wort hämmert: „... muß ... muß ... muß ..." und somit das Schönste vereitelt. Denn gerade Frauen finden Zuneigung, Wärme, Zärtlichkeit oft wichtiger als den Orgasmus, das schmückende Beiwerk. Das einzige, was sein muß, ist, daß „es" schön sein muß, warum würde ich „es" sonst tun wollen?

Eines der häufigsten Anliegen von ratsuchenden Paaren ist, daß „die Frau in letzter Zeit immer weniger Lust auf sexuellen Kontakt hat als ihr Mann", worunter beide auf ihre Art leiden: der Mann fragt sich, ob er alles richtig macht oder ob er minderwertig ist. Die Frau bemängelt, daß sie mit ihm nicht „nur schmusen" darf, wenn sie keinen Sex will. Sie erlebt ihn tagsüber an ihr uninteressiert, aber abends will er plötzlich zu ihr ins Bett. Da befriedige sie sich lieber selber. Es scheint, als ob sie Sex als eine Art Machtmittel einsetzt. „Machst du nicht, was ich will, dann mache ich auch nicht, was du willst." Allerdings sind sich beide einig, daß sie eine gute Beziehung pflegen und eine herzliche Familie (nach außen wenigstens) darstellen. – Beim Nachfragen über die Weise, wie sie sich liebkosen, auf wessen Initiative, in welchen Momenten, wieviel Zeit und Hingabe sie dazu verwenden, was ihre sexuellen Erwartungen aneinander sind, und was jeder am angenehmsten findet, zeigt sich, daß weder er noch sie z. B. um die Wichtigkeit der Klitoris wissen; daß sie einige Bücher über Sex gelesen haben, die aber nur technische Anleitungen beinhalten und nicht ihre geheimen Fragen beantworten, daß beide keine Aufklärung erhielten und auch bei ihren Eltern kein Vorbild für lustvolles und zärtliches Umgehen miteinander hatten, und daß beide ihre Anfangsschwierigkeiten herunterspielten: „Wenn wir erst mal verheiratet sind, kommt alles von selber." – In der Beratung lernen beide, daß er nicht für die sexuellen Gefühle seiner Frau verantwortlich ist, was für ihn mit einer Erleichterung verbunden ist. – Sex ist kein Leistungsrennen. – Und sie lernt, daß sie ihrem Mann sagen kann und darf, was sie angenehm findet und was nicht, und daß sie von ihm auch etwas anderes will als nur Sex. Auch lernen beide, daß der Beischlaf eine Art des Liebkosens ist, aber nicht die einzige, und daß Liebkosen mehr ist als Sex, und wie sie das als Paar auf ihre eigene Art erleben. Sex genießen hat auch etwas damit zu tun, wie vertraut und sicher ich mich bei jemandem fühle.

Der liebevolle Umgang von Partnern kann eine *Ethik der Sexualität* begründen:

1. Lebe alle drei Sinngehalte der Sexualität: Fortpflanzung, Liebesausdruck und Lustgewinn (Sex entspannt, befriedigt Urbedürfnisse, läßt gut schlafen).
2. Bleibe in *Deinem* persönlichen Maße.
3. Respektiere die Freiheit des anderen.
4. Sei bereit für die Folgen der Sexualität.
5. Nimm das Wohl des Partners so wichtig wie Dein eigenes.

Liebe und Vertrauen, die unbedingte Voraussetzung für eine tragfähige Partnerschaft, sind kein Garant für „ewige Treue, lebenslange Einehe, bis daß der Tod euch scheidet". Es liegt in der Natur von uns Menschen, daß wir uns – leider oder glücklicherweise – öfter als nur einmal verlieben können. Auch eine feste Partnerschaft vermag niemand von uns daran zu hindern. Was wir wieweit davon ausleben, obliegt allerdings unserer Entscheidung. Dreierbeziehungen sind keine Seltenheit. Heute bedarf es nicht mehr eines enormen Mutes, sie nach außen zu leben. Wohl in jeder zweiten Ehe (Dunkelziffern sind hier verständlicherweise hoch) ist wenigstens ein Partner einmal „untreu" gewesen. Dieses unschöne Wort kann wohl heute – ebenso wie „wilde Ehe" – angesichts der weiten Verbreitung nicht mehr als strafende Zuschreibung aufrechterhalten werden. Das Zusammenleben ohne Trauschein ist heute eher die Regel als die Ausnahme. Und das sind sicher nicht die schlechtesten Beziehungen oder gar unwertere Menschen.

Eine Patentlösung für Dreierbeziehungen gibt es nicht. Goethe hat in seiner „Stella" die beiden Extremmöglichkeiten vorgestellt: in der ersten Fassung bringt sich die Dritte (als Eindringling in die ursprüngliche Zweierbeziehung) um, da sie nicht von der Liebe zu dem verheirateten Mann lassen kann. In der Spätfassung leben alle drei miteinander in gegenseitiger Achtung und Wertschätzung. Wie lange? Das verrät uns der Dichterfürst nicht. Nach der Erfahrung der meisten Eheberater sind Dreierbeziehungen [22] sehr spannungsgeladen und auf Dauer nicht aufrechtzuerhalten, da sie für Psychospiele zu anfällig sind [4]. Das Kräftespiel einer Dreiecksbeziehung drängt darauf, sich für den einen (und damit gegen den anderen) zu entscheiden. Der neue Partner scheint zunächst vor dem alten begünstigt zu werden, glauben wir doch in ihm das bisher Entbehrte und damit die Erfüllung unserer geheimsten Wünsche gefunden zu haben (manchmal auch erst deren Bewußtwerden). Das Ausdrücken des Entzückens scheint nicht enden zu wollen: „So verliebt war ich noch nie. – Was für eine Frau! – Das ist ein Mann! – Da mußte ich so alt werden, um das endlich zu erleben."

Doch in ihrem Rausch werden die meisten Menschen von der Wirklichkeit bald eingeholt, und altbekannte Enttäuschungen führen zu ähnlichen Zerwürfnissen – wie damals … und wiederum werden diese Störungen ausgeblendet. Viele erleben eine unüberwindbar scheinende Kluft zwischen Kopf und Gefühl: „Das Herz sagt ja, doch der Verstand nein." So manche Frau fühlt sich körperlich zu einem Filou hingezogen, bei dem sie all ihre Sinnesnerven vibrieren spürt, obwohl sie genau weiß, daß sie bei ihm nicht die Geborgenheit, Sicherheit, Freundschaft und geistige Austauschmöglichkeit finden wird wie bei ihrem Mann; doch zu letzterem springt kein Funke mehr über. „Diese Eintönigkeit kann doch nicht das ganze Leben gewesen sein ..." – In „Die schöne Helena" fleht der große König Menelaos seine Frau – die Schönste des Altertums – an: „*Versuche* doch wenigstens, mich ein bißchen zu lieben." „Oh mein Gemahl, das tu ich doch, aber die Versuchung ist zu groß ..."

Wie viele Männer lassen sich verblenden von einer verführerischen Frau, in deren Schoß sie „alles Glück auf Erden" zu genießen glauben und doch wissen, daß es nicht von Dauer sein wird. Es sind nicht nur die Lebemänner, die am Ende einer sexuell aktiven Zeit in Depression verfallen und diese gar nicht verstehen können. Glaubten sie sich doch von ihren Geschlechtsgenossen beneidet, wenn sie „die schönsten Frauen haben" konnten, „an jedem Finger eine". Sie haben ihre Dreiecksbeziehungen schon zu Vielecks zusammenfließen lassen, worin man sich zwangsläufig verausgaben muß. – Prostituierte können gleiches berichten, nur noch trostloser. Unter solchen nach außen oft selbstgefällig und arrogant auftretenden Menschen verbirgt sich ein kleines verzweifeltes KIND, das nach Anerkennung und Liebe hungert. Gib sie ihm doch, statt all den vielen Fremden! Andererseits gibt es Menschen, die sich vor einem „Seitensprung" mehr fürchten und zwiespältig ihr Denken, Streben und Trachten sowohl auf eine verlockende Beziehungsfantasie richten als auch auf höllische Bestrafungen. Schließlich wollen sie keinen Sinn mehr für ihre eigentliche Partnerschaft aufbringen und manövrieren sich auf diese Weise in eine kritische Zwickmühle: Der wohlgemeinte, doch meist von einem moralischen Zensor stammende Ratschlag, sich auf seine Partnerschaft zu konzentrieren und das andere Verhältnis zu vergessen, mag im Kopf als vernünftig erkannt werden, doch die Gefühle bäumen sich auf. Moralische Zügelungen sind (nach meiner Beobachtung) ein Kitzel an unser rebellisches KIND, so daß mit ihnen gerade das Gegenteil bewirkt wird: „Jetzt gerade ..." Also, was nützen sie! Bessere Erfahrungen habe ich mit einem anderen Weg gemacht: Bei ethisch und charakterlich stabilen Persönlichkeiten, von denen ich annehmen kann, daß sie sich weder mit dem einen Partner auf Kosten des anderen amüsieren, noch beide gegeneinander ausspielen, tue ich gelegentlich etwas sehr Unmoralisches, ich ermutige sie – was bei haltlosen Menschen nicht angezeigt wäre –, die zweite Beziehung einmal auszuleben. Eine solche Erlaubnis wirkt auf Rebellen entmachtend, allerdings kann sie Moralisten in Wallung bringen. Doch bald haben die meisten von ihnen ihre Projektion zurückgenommen und sich ihren Neid eingestanden. Das eindrücklichste Beispiel zeigte einmal ein Geistlicher, der mich zunächst empört angriff, dann allmählich nachdenklich wurde und nach zwei Tagen (das war in einem Sechs-Tage-Kurs), in denen wir auch einiges „Menschliche über seinen höchsten Vorgesetzten" herausgefunden haben, sich etwas verschämt vor einer Gruppe von 20 Teilnehmern eingestand, daß er „so etwas auch gerne mal erleben würde". Mit diesem Eingestehen (Enttrübung [36]) hat er die Herzen aller Teilnehmer gewonnen; er wurde von mehreren – teilweise auf weite Entfernungen hin – zum Vollzug von Taufen, Hochzeiten, einer Beerdigung und als Beichtvater gebeten; denn „er weiß über unsere Nöte aus eigener Erfahrung und spricht nicht theoretisch mit erhobenem Zeigefinger zu uns". – Und wie erlebten die Paare diese Erlaubnis in ihrer Krise? Meistens als Chance für ihre Beziehung oder als Klärungsprozeß zur Trennung ihrer ohnehin brüchigen Ehe. Denn ein Verbot (aus dem womöglich noch getrübten EL-ICH des Therapeuten) verhärtet die beiden scheinbar unversöhnlichen Seiten in jedem Partner (neg. krit. EL gegen rebell. K) bis hin zu ihrem völligen Einfrieren. Doch die Erlaubnis(-transaktion) vermag meinen inneren seelischen Dialog wieder in Gang zu setzen, weil sie sich anderen Persönlichkeitsanteilen (Ich-Zustände) zuwendet und somit Wahlmöglichkeiten schafft. Letztere bilden die Basis für eine konstruktive Problemlösung. „Was hilft?" scheint mir eher die weiterführende Frage zu sein als „Was ist moralisch?". Da letztere elterlich und blockierend wirkt, ändere ich sie so, daß sie zur Selbstverantwortung anregt: „Schade ich jemandem oder der Umwelt?"

So berichtete ein Adam nach einiger Zeit, daß seine Neugierde auf andere Frauen, die ihn schon wie eine Sucht bedrängte, wesentlich abgenommen habe, da er jetzt u. a. wisse, daß er „letztlich doch mit seiner Frau am liebsten zusammen ist". Oder eine Eva konnte sich eingestehen, ihren Mann aus „höheren Gründen" geheiratet zu haben, ohne jemals sexuelle Gefühle für ihn verspürt zu haben. Und eine andere war nach ihrer Affäre glücklich, weil „ich endlich nicht mehr so verspannt bin und mich mit meinem Mann viel wohler fühle, als ob ein Fluch von mir gewichen ist. Vorige Woche bin ich endgültig wieder zu ihm zurückgegangen ..."

Schließlich der aufschlußreiche Bericht eines jugendlichen, sympathischen und sensiblen Kollegen: „Ich kann ohne zu übertreiben sagen, daß ich seit zehn Jahren glücklich verheiratet bin. Natürlich habe ich in dieser Zeit auch nach dieser oder jener Eva geschielt, mich in Fantasien über sie ergangen, wohl auch mal Sehnsucht verspürt. Im letzten Moment konnte ich mir jedoch klarmachen, daß ich hier nichts wesentlich anderes erleben würde als bei meiner Frau. Wozu dann der ganze Aufwand des Kennenlernens, aufeinander Einstellens und der umständlichen Organisation? Ein bloßes sexuelles Abenteuer mit ungewissem Ausgang wäre wohl das „schlechte Gewissen" meiner Frau gegenüber nicht wert gewesen. Doch eines Tages passierte es. Ich muß es wirklich so passiv ausdrücken. Ich erlebte die Begegnung mit dieser Frau wie einen Zauber, dem ich mich nicht entziehen konnte, auf den ich aktiv auch keinen Einfluß zu nehmen vermochte. Ihre Erscheinung muß eine Tiefe meiner Seele angesprochen haben, die meinem Verstand und Willen bislang verschlossen geblieben war. Wir arbeiteten seit einigen Jahren im gleichen Haus, kannten uns also vom Sehen her. Ich fand sie hübsch; aber sonst nichts. Als wir an jenem Tag zufällig ins Gespräch kamen, fühlte ich mich unverständlicherweise von ihr angezogen. Denn stehe ich eigentlich auf großen schlanken Frauen, so war sie eher unförmig vollschlank, was sie mit modischer Kleidung geschickt zu tarnen verstand. Was mich jedoch so faszinierte an ihr, das war ihr Kopf, ihr blondes Haar, ihr Gesicht, ihre Augen, in die ich alles Mögliche (und Unmögliche) hineindichtete. Sie entsprach meiner Kindheitsprinzessin, meiner Goldmarie, meinem inneren Frauenbild in meinem Liebesgedicht (Goethes „Willkommen und Abschied:" „... ein rosafarbenes Frühlingswetter umgab das liebliche Gesicht ..."), und schließlich spiegelte sie noch ,meine' Gestalt aus einem von Wagner vertonten Mythos, deren Namen sie auch noch trug. So verdichteten sich all meine KIND-haften Frauenbilder in dieser Frau. Dem gegenüber vermochte mein Verstand nichts auszurichten. Meine Beziehungsfantasie blühte wie ein Paradiesgarten, in dem wir gemeinsam lustwandelten. Da auch sie Ähnliches mir gegenüber erlebte und fühlte, war es fast zu schön, um wahr zu sein; wenn nicht – ja wenn wir nicht beide verheiratet gewesen wären. Wir quälten uns ständig mit Gewissensbissen, so daß wir beide klassisches RAPO (Hilfe, Vergewaltigung) spielten: Sie verlockte mich mit ihrer Sehnsucht nach mir, ich sprang darauf an, dann zog sie sich zurück, und beide fühlten wir uns schlecht. Ich litt fürchterlich. Meiner Frau durfte ich mich nicht anvertrauen, denn sie hatte mir klar zu verstehen gegeben, daß sie Fremdgehen nicht duldet. Und ich wollte sie keinesfalls verlieren, meinte aber auch von der andern nicht lassen zu können, obgleich mein Verstand dies für das Beste hielt. Doch wie das bewerkstelligen? Meine Seele tobte. Das spürte meine Frau natürlich. Und da geschah das Erstaunliche: Sie nahm ihre Androhung zurück: ,Ich habe dich zu lieb, als daß ich dich aus diesem Grund verlassen könnte!' Ich war erleichtert und spürte eine tiefe Liebe zu dieser meiner Frau – und war sehr glücklich. Sie ließ mich sogar gewähren in bezug auf die andere Frau, allerdings mit der klaren Forderung: ,... solange es nicht auf meine Kosten geht.' Und ich erlebte das nächste Wunder: dieser lähmende Zauber, der mich von jener Frau umfing, verblaßte und wich meinen gewohnten klaren Empfindungen und Gedanken. Es war im wahrsten Sinne des Wortes wie im Märchen: Ich war geheilt. – Seitdem erlebte ich zu meiner Frau eine noch tiefere Innigkeit als zuvor und spürte diese auch von ihr zu mir. Die angstvolle Spannung vor einem möglichen Ehedrama war einer wirklichen Harmonie zwischen uns gewichen. Und warum? Ich denke, wir haben die Tatsache, daß wir uns in eine dritte Person verlieben können, durchlebt, angenommen und sie damit aus dem Schattendasein zurückgeholt, in das wir sie gemäß unserem ursprünglichen Ehevertrag verbannt hatten, damit sie unsere erwünschte (aber unwirkliche Pseudo-)Harmonie nicht stören könne. Ich habe also gelernt – daß ausgeblendete oder verbannte

Gesichtspunkte, denen wir uns nicht entziehen können, eines Tages, wenn wir am wenigsten darauf vorbereitet sind, im ungelegensten Augenblick auf der Bühne unseres Lebens erscheinen und unsere Aufmerksamkeit fordern, so wie es schon die alten Mythen und Märchen schildern.

Nun wollte ich aber noch wissen, warum ich gerade dieser Frau gegenüber solche heftigen Gefühle empfand, da mich doch – rational betrachtet – an ihr nichts anderes interessierte als ihr Kopf. Ja, ich blendete sogar alles andere geradezu aus, was mir in einigen Träumen aus jener Zeit deutlich wurde: Da sah ich sie, ihren etwas unförmigen Körper wenig anziehend gekleidet in der Umgebung ihres Arbeitsplatzes, aber immer ohne Kopf. Also auch hier drängte sich ein von mir ausgeblendeter Anteil förmlich auf, zur Vervollständigung des von mir getrennten Ganzen. Und ich wäre ein schlechter Therapeut, wenn mir nicht im Zusammenhang mit dieser Freundin meine Mutter eingefallen wäre. – Sie war ein halbes Jahr, bevor meine „Affäre" begann, gestorben. In ihrem Nachlaß fand ich ein Bild, das mir mein Innerstes freudig warm durchströmen ließ: Es zeigte das Porträt meiner Mutter etwa zehn Jahre vor meiner Geburt. So habe ich sie mit Bewußtheit nie wahrgenommen: es zeigt einen wunderschönen Frauenkopf, der dem jener Frau ähnelte wie eine Schwester. – Jetzt war auch mein kritisch forschender Verstand befriedigt, und ich konnte meine Mutter in mir zu einem liebevollen und gütigen Bild ergänzen (= Selbstbeeltern). Das gibt Kraft. Auch mein (innerer) Vater, an dessen Geschmack ich früher gelegentlich zweifelte, gewann an Würde und Achtung. Und ich wußte jetzt in meinem Innersten, daß diese beiden Menschen damals als meine Eltern zusammengehörten, weil sie sich liebten. Welch eine Erleichterung für mich!"

Das letzte Beispiel mag auch schon verdeutlichen, daß Liebe umfassender ist als Sex.

Wir haben uns bisher verschiedene Paarbeziehungen angeschaut: die psychologische (Zweisamkeit oder Einsamkeit), die entwicklungsgeschichtlich-animalische („der/die ist genau mein Typ", oder „mich reizt deine schöne Gestalt"), und die hormonell-sexuelle („ich bin scharf auf dich, ich möchte mit dir schlafen").

Auch wenn diese Teilaspekte in einem sich ergänzenden Wechselspiel zu einem Ganzen zusammenfinden, scheint mir das für die umfassende Liebe zwischen zwei Menschen noch nicht zu reichen.

Ich sehe Sexualität als einen gesunden und breiten Mittelweg zwischen ihren extremen Auswüchsen: Porno und Prüderie. Ich finde es schade, daß wir für den Sexualakt über keine „gesellschaftsfähigen" Tunworte verfügen, sondern diese der Gassensprache entlehnen müssen und somit nur das Animalische ausdrücken. Darin liegt eine Abwertung, wie wenn man Busen als Euter bezeichnet. Umgekehrt könnte man aus der Tatsache, daß diese Tunworte nicht gesellschaftsfähig sind, schließen, daß die animalische (= tierische) Begierde in uns immer noch verpönt ist, obwohl sie jede(r) halbwegs Gesunde aus ihren/seinen Fantasien zur Genüge kennt. Und sie ist wichtiger Bestandteil des großen Gebietes Liebe.

Oft erlebe ich Paare in etwas peinlicher Befangenheit, wenn sie miteinander über Sex sprechen wollen. Wenn sie können, benutzen sie fremdsprachige Worte, weil diese für sie nicht jenen abwertenden Unterton durchklingen lassen, oder sie erfinden ihre eigene „Sprache". Doch meistens verwenden sie das Wort „lieben" für sämtliche Sexualpraktiken. Man kann mit einem Menschen schlafen, ohne ihn zu lieben, man kann einen Menschen lieben, ohne sich von ihm sexuell angezogen zu fühlen.

Sex ist eine feuchte und glitschige Angelegenheit, mit eigenen Gerüchen. Diese Tatsache wollen manche als tierisch entwürdigen, indem sie sich mit gerümpfter Nase abwenden. Aber wie soll Sexualverkehr im Trockenverfahren funktionieren? Auch im übertragenen Sinne ist Sexualität „flüssig". Von vielen – insbesondere Frauen – wird sie empfunden als wellenförmig, wie prickelnder Champagner, überschwemmend, strömend oder wie das Dahinschmelzen im ozeanischen Gefühl.

So wie die Wasserströme verfügt auch die Sexualität über ungeheure Energieballungen, die für unser Wohlbefinden förderlich oder zerstörerisch eingesetzt werden können. Das macht vielen Menschen Angst. Deswegen suchen sie diese Kräfte zu kontrollieren. Drohen und Strafen, Schuldgefühle und wiederum Angst setzen sie als Machtmittel zum Selbstschutz ein.

Die Entdeckung und Erforschung dieses großen Komplexes ist der Verdienst des viel verkannten Sigmund Freud und ist zugleich die Wiege des weiten Bereiches der Psychotherapie.

Der bekannte Satz „Männer wollen Sex, Frauen wollen Liebe" will auf einen Unterschied zwischen beiden (also Männer und Frauen wie auch Sex und Liebe) hinweisen. Trotz seiner Verallgemeinerung sagt er etwas Wahres aus: Männer werden oft als Gefühlskrüppel bezeichnet, da es ihnen zumeist schwerfällt, ihre Gefühle zu äußern. Z. B. brauchte ein freundlicher und liebenswürdiger Diplomingenieur über ein Jahr regelmäßiger Teilnahme in einer laufenden Gruppe, bis er einmal sagte: „Ich habe Angst." Frauen tun sich da wesentlich leichter, wie an alltäglichen Begebenheiten beobachtet werden kann: Begegnen sich zwei Frauen auf der Straße und umarmen oder küssen sich, wirkt das wie selbstverständlich. Tun aber zwei Männer das gleiche, so spüren wohl die meisten von uns ein unangenehmes Gefühl wie z. B. Peinlichkeit, oder wir denken an Begrüßungsrituale sozialistischer Politiker, an Homosexuelle oder gar an den Judaskuß. Und wie viele von uns Männern begrüßen ihre Freunde auf solch herzliche Art ohne diese Fantasien und ein durch sie ausgelöstes leises Grummeln im Bauch?

Im Sex haben sich Männer eine letzte Oase der Gefühle erhalten. Körperlich lokalisiert ist sie im Penis. Also schon rein anatomisch spielt sich Sex bei Männern äußerlich, bei Frauen innerlich ab, weswegen Männer auch meistens „schneller fertig" sind, besonders wenn sie auf ihre Über-Zeugungs-Kraft setzen. Frauen hingegen wollen mehr Zeit, Zuwendung und Zärtlichkeit. Sie sind – zumindest am Anfang einer Bekanntschaft – zurückhaltender; denn sie tragen letztlich das größere Risiko (z. B. Schwangerschaft). Also scheint obiger Satz zu stimmen und von dem Vorurteil einiger Frauen („Männer wollen nur das eine") noch bestärkt zu werden.

Doch da ist noch die andere Seite: Nach meinen Beobachtungen ist der Wunsch vieler Männer nach unbegrenzter Verfügbarkeit über Frauen ein aufgesetztes Imponiergehabe. Im Grunde lieben auch sie „die Nähe zu einem warmen Körper; das Gefühl, nicht alleine zu sein, geliebt zu werden; sich sicher zu fühlen".

Dies wird bestätigt durch den Hite Report [20]. Darin nennen nur drei Prozent der Männer auf die Frage, warum sie Geschlechtsverkehr mögen, den Orgasmus. Die Mehrzahl der Männer betont das Nahesein und das Umarmen als Ganzkörperkontakt. – Frau Hite schließt daraus, „daß Männer Sex und Geschlechtsverkehr deswegen so lieben, weil sie darin einen angemessenen Rahmen finden, um emotional sein zu können. Die Tatsache, daß dies die fast einzige Möglichkeit der Männer ist, sich gefühlvoll zu geben und gehenzulassen, mag in gewisser Weise für das Gefühl der Männer stehen, daß sie selten genug Sex bekommen". – „Das stimmt genau", reagierte eine attraktive, selbstunsichere Frau spontan, als sie das hörte. „Abends zur Bettgehzeit wird mein Mann zur Freundlichkeit in Person. Aber tagsüber schikaniert er mich wie seine Dienstmagd und läßt kein gutes Haar an mir ... bzw. ich lasse so mit mir umgehen – das habe ich hier schon gelernt ..."

Für das Bestreben vieler Männer nach Macht aus Unsicherheit heraus mag es noch eine andere Sichtweise geben: Die Frau ist der Inbegriff für Leben schlechthin. Kinder sind ungeachtet aller pädagogischen Versuche und Emanzipationsbestrebungen zunächst einmal mutterbezogen. Das macht dem Mann Angst, die er vielleicht mit Neid oder Eifersucht tarnt. Dadurch strebt er auf anderen Gebieten eine Überlegenheit an.

Wenn nun Sexualität und Liebe (im Sinne von Nächstenliebe) zusammentreffen, dann sprechen wir von Erotik. Sie bezeichnet die Anziehungskräfte sämtlicher Ebenen, auf denen Menschen sich begegnen. Wir alle haben schon einmal erfahren – hoffentlich –, wie solche erotische Liebe unsere körperlichen, geistigen und seelischen Funktionen verändern kann. Der Kreislauf wird angeregt, ebenso die Fähigkeit, spontane Verbindungen zwischen verschiedenen geistigen Inhalten herzustellen. Das Herz beginnt zu hüpfen, will gar zerspringen, und die Schmetterlinge im Bauch flattern. Emotionen und Gefühle werden verstärkt. Die ganze Welt färbt sich rosa. Nur das logische Denken läßt nach – leider; wie viele voreilige Schwüre (z. B. auf ewige Treue) werden in diesem Zustand beteuert – und wenig später bereut ... „Am Anfang, da war alles anders; da hat er mich überschüttet mit Liebeserklärungen,

Geschenken und Versprechungen. Er wollte mich auf Händen tragen ... und heute? ..."

Wie schal Sex ohne persönliche Beziehung sein kann, zeigt kurz und knapp eine spontane Äußerung: „Im Sex möchte ich der Seele des andern begegnen; hinterher könnte ich heulen!"

Die nur nach außen gerichtete Lusterfüllung schafft Unzufriedenheit und eine Art Sucht: Die Betreffenden wollen immer Neues und immer mehr, mehr ... Mit allen möglichen Produkten kaufen sie Gefühle wie Sex, Erotik, flauschiges Wohlsein, Tatkraft, Zärtlichkeit, weite Welt usw. Sie jagen einer Er-*Füllung* nach. – Die innere Beteiligung hingegen braucht weniger. Das scheint zunächst der Bedürfnisbefriedigung zu widersprechen. Doch Erfahrene bestätigen, daß sie im Verzicht bald die gleiche *Fülle* finden – in sich statt außerhalb. Sie erleben sich wie ein Gärtner vor einem Beet voller Blumen: eine ist immer schöner als die andere. Das führt unwillkürlich zu einer Übersättigung. Schaue ich aber eine Blüte an und diese langsam immer näher, schließlich mit der Lupe, so entdecke ich das Universum in ihr.

Ähnliches, scheinbar Widersprüchliches drückt die altchinesische Weisheit aus, z. B. Kapitel 47 des Tao Te King:
Ohne hinauszugehen, kannst du die ganze Welt verstehen.
Ohne aus dem Fenster zu schauen, kannst du das Wirken des Himmels sehen.
Je weiter du wanderst, desto weniger weißt du.

Überhaupt scheinen Beziehungsfragen aus vielen Widersprüchen zu bestehen, weswegen das Ursache-Wirkungs-Denken oft nicht mehr hilft. Die Frage „Was beliebt zusammenzutreffen" (Synchronizität) kann eher weiterführen. Auf einer solchen ganzheitlichen Basis arbeitet unter anderem die Astrologie, um deren Hilfe sich heute wieder vermehrt ratsuchende Paare bemühen.

Und letztlich hat Liebe etwas mit Glauben zu tun, wie immer der auch bei den einzelnen heißen und ausschauen mag. Die unterschiedliche Vielgestaltigkeit des Glaubens fordert von den einzelnen Partnern Toleranz füreinander, damit sie sich fair mit der berühmten Gretchenfrage auseinandersetzen können, anstatt über sie miteinander in den clinch zu gehen: „Wenn du

nicht katholisch/protestantisch/sozialistisch etc. wärst ..." –
Viele Paare opfern ihr gemeinsames Glück auf dem Altar einer
von ihnen hochstilisierten Ideologie.

Die andere Seite des Glaubens ist die Skepsis. Sie wird heute
vornehmlich nach außen gezeigt, besonders von Verstandesmenschen. Doch sie „wissen" auch, daß das nicht alles ist. Sie suchen die abgesicherte Ahnung. Sie glauben jeden irrationalen
Unsinn, solange er nicht bewiesen werden kann und schlürfen
ihn wie Champagner. Als Verstandesmenschen kennen sie ihren
Kopf und mißtrauen ihm gründlich; ihre Chance ist der Aber-
glaube.

Wer Glaube und Skepsis ohne Fanatismus zu verbinden weiß,
erfährt eine bereichernde Erweiterung seines Bewußtseins, so
wie es heute z. B. „New Age" anstrebt.

Fünf Grade der Liebe werden in der religiösen Überlieferung
Indiens geschildert. Der erste Grad ist die Liebe eines Dieners
zu seinem Herrn und/oder Gott. Der zweite die Liebe unter
Freunden. Der dritte die Liebe der Eltern zu ihren Kindern. Der
vierte Grad ist die Gottesliebe. Und jetzt wird es spannend. Welche ist nun die fünfte und damit höchste Stufe? Es ist die leidenschaftliche, verbotene Liebe! Sie zeigt eine gewisse Verwandtschaft mit der Minne unseres Mittelalters. Denn hier wie dort
wurden damals die Ehen aus Vernunftgründen und dem Gut-
dünken von Familienoberhäuptern geschlossen. Dementsprechend war es reine Glücksache, wenn sich die Ehepartner lieben
konnten. Meistens erfüllten sie eben ihre Pflichten. Doch geschah es nicht selten, daß sie sich dann „außerehelich" verliebten
– mit einer bislang nicht erlebten Leidenschaft. Diese durfte von
den großen Religionen bzw. deren „Moralaposteln" keinesfalls
geduldet werden. Wieviele Verliebte mußten deswegen ihr jun-
ges Leben unglücklich enden.

Doch die Ehestiftung hat neben dem Moralischen auch eine
animalische Aufgabe, nämlich den der Sicherung der Fortpflanzung. Somit ist der Sinn der Ehe weitergefächert. Er besteht in
der Einbindung des animalischen Fortpflanzungstriebes zur Ar-
terhaltung einerseits in das heilige Sakrament des Göttlichen andererseits. – Die Erhaltung der Art ist überhaupt der ursprüngliche Zweck, weswegen Sex von der Evolution erfunden wurde.

Denn eine Art, die sich nicht fortpflanzen kann, ist zum Aussterben verurteilt. Die prächtige Vielfalt der Schöpfung ist u. a. auf einer gut funktionierenden Sexualität bzw. Fruchtbarkeit begründet. Seit dem Bestehen des Lebens auf unserer Erde gibt es auch Sexualität im strengen Sinne. In unserem heutigen Verständnis von Sexualität, in dem Lustgefühle den Auftrag der Vermehrung überwiegen, begann sie wohl erst mit dem Auftreten der Wirbeltiere vor einer halben Milliarde Jahren.

Eine zentrale Symbolik der Hochzeit ist die der Fruchtbarkeit. In alten Zeiten sollte diese durch die Hochzeit von König(inn)en mit ihren Göttern neu beschworen werden. So schliefen Herrscher mit den Priesterinnen als den Vertreterinnen der Gottheiten im Hochzeitsbett der Göttin, das an geheimer Stelle im Tempel aufgeschlagen stand. Nach Vollzug dieser zeremoniellen Vereinigung, die auch vom Volke nachgeahmt wurde, erneuerte sich die Welt. Deswegen war der Neujahrstag dafür anberaumt. „Das deutsche Wort Hochzeit kommt von Hochgezit, Fest des Jahresbeginns. Die Hochzeit regeneriert das Jahr und verleiht daher Fruchtbarkeit, Fülle und Glück" (Eliade). Die kirchlichen Autoritäten des Altertums erachteten solche Riten als heidnische Schamlosigkeiten, gegen die sie in ihrer Selbstgerechtigkeit meinten ankämpfen zu müssen.

Dabei wähnten sie sich in dem guten Glauben, als Vertreter der „Religion der Liebe" zu wirken. Hier scheint ein zweiter Mißbrauch des Wortes Liebe vorzuliegen. Liebe predigen und Liebe *tun* ist zweierlei. Wenn sie doch aufhören würden zu moralisieren. Und wenn Liebende aufhören würden, sich moralisieren zu lassen, haben sie doch als reife Wesen eine gesunde Moral in sich:

In seiner „Grundlage der Moral" beschäftigt sich Schopenhauer mit der Frage, wieso ein einzelner seine eigene Person und Sicherheit so weit vergessen kann, daß er sich und sein Leben in Gefahr bringt, um einen andern aus Schmerzen oder Tod zu retten, so als ob das Leben des anderen sein eigenes und die Bedrohung des anderen seine eigene wäre. Ein solcher Mensch handle aus einer instinktartigen Erkenntnis der Wahrheit heraus, daß er und der andere tatsächlich eins sind. Er hat sich nicht von dem geringeren, untergeordneten Wissen leiten lassen, wonach er selbst von anderen getrennt ist, sondern von einer unmittelbaren Erfahrung der größeren, echteren Wahrheit, daß wir im Grunde unseres Seins alle eins sind. Dieses Motiv nennt Schopenhauer *Mitleid*, und er bestimmt es als die Quelle einer von sich aus moralischen Handlung.

Und wie ist es bestellt um die Moral aus Liebe in den Partnerschaften? Etwa die Hälfte aller Trauschein-Ehen leben ihr Ohne-Liebe-Skript. Sonderbarerweise verstehen sich Paare, die jahrelang zufrieden miteinander gelebt haben, plötzlich nicht mehr, nachdem sie „endlich" geheiratet haben. – Ehen ohne Trauschein scheinen (nach meiner Beobachtung *sind*) weniger trostlos, weil sie sich um ein Fortbestehen ihrer Zuneigung bemühen und dabei oft noch ein Vertiefen ihrer Liebe erfahren. Solche Paare, zu denen natürlich die andere Hälfte der Ehen mit Trauschein auch gehört, erlebe ich weniger manipulativ. Denn nach psychotherapeutischer Erfahrung ist Liebe ein sehr schmerzliches Gefühl, solange wir mit ihr beim anderen etwas erreichen wollen. Durch diesen Mißbrauch (Ich liebe dich, wenn du ...) wird sie ohnmächtig. Sie kann sich nicht entfalten, nicht wirken, weil ihr der Weg versperrt ist durch Kontrolle. Gutes bewirken wollen ist eine Kunst; sie geht einher mit Verzicht.

Besonders erstaunt hat mich eine persische Darstellung der Liebe: Einst hatte Gott seinen Engeln befohlen, nur ihn zu verehren. Nach der Erschaffung des Menschen sollten sie sich auch vor diesem Meisterwerk seiner Schöpfung verneigen. Doch Luzifer liebte Gott so inniglich, daß er sich weigerte, noch irgendeinen anderen zu verehren. Wegen dieses Ungehorsams aus Liebe wurde er als Satan in die Hölle verbannt. Dort litt er am meisten darunter, das Antlitz seines geliebten Gottes nicht mehr schauen zu dürfen.

Liebe, sei sie nun eher auf das Körperliche oder das Geistige ausgerichtet, zeigt ein merkwürdiges, paradox anmutendes Verhältnis zur Todessehnsucht. Sehr eindrucksvoll veranschaulicht Gottfried v. Straßburg diese Lust-Leid Beziehung in seinem „Tristan". Hier will er Menschen besingen, „die gleichzeitig in ihrem Herzen tragen ihre süße Bitterkeit, ihrer Liebe Leid, ihre Herzensfreude und ihre Sehnsuchtsqual, ihr glückliches Leben, ihren traurigen Tod, ihren glücklichen Tod, ihr trauriges Leben." Dieses Aufbäumen der Gefühle hat Richard Wagner meisterhaft in Isoldes Liebestod nachempfunden – wohl aus eigenem Erleben heraus.

Während Verliebtheit wie ein Strohfeuer hell aufleuchtet und wieder verlischt innerhalb weniger Wochen bis Monate (deswegen liegt die höchste Scheidungsrate schon um das zweite Ehejahr), fordert Liebe, daß wir uns in die Gefühlswelt des anderen hineinversetzen, ohne mit ihm zu verschmelzen.

„Liebe ist das große Abenteuer des menschlichen Herzens. Herzenskultur bringt dir nichts ein, aber sie verändert alles, dein Denken und dein Tun, dein Fühlen und dein Sprechen. Dein ganzes Leben. – Liebe ist keine passive Verträglichkeit. Kein Prüfen des anderen, ob er wohl der Liebe wert ist. Liebe heißt konkrete Menschen lieben, so wie sie sind, jeden Tag. – Menschen sind nicht immer so liebenswert, daß man sie von selber gern hat. Feinden vergeben und Gegner gern haben, Böses mit Gutem vergelten ist übermenschlich, wenn es nicht einen höheren Grund gibt und eine tiefere geistige Motivation. – Liebe ist kein Luxusartikel für gutartige Menschen und sanfte Typen – Liebe setzt Dinge voraus, die nicht mehr in Mode sind: einfach leben, verzichten können, Freundschaft, Güte und Treue. – Liebe heißt, ein Herz für einander haben. Eine Sache der Verantwortung und der Tat" [9].

Worte vermögen nur einen Teil dieser Himmelsgabe Liebe zu verdeutlichen. Das Göttliche in ihr ist mit Worten nur schwer auszudrücken. In ihrem eigentlichen Wesen erfaßt finde ich die Liebe in der Kunst einiger begnadeter Menschen: die Losgelöstheit z. B. in den Bildern von Chagall, die Zartheit in der Liebeslyrik (insbesondere Goethes), das Himmlische in der Musik (z. B. den Liebesduetten aus Fidelio, Arabella, Rosenkavalier und Tristan und Isolde). Eine Schwester der künstlerischen Ausdrucksfähigkeit ist das Symbol, das Sinnbild. Symbole sind eine analoge Anschauung von Begriffen, die wir mit unseren fünf Sinnen nicht erfassen können. Märchen und Mythen bedienen sich einer erzählenden Symbolsprache, die sich an tiefere Schichten unseres seelischen Empfindens richtet. Deshalb abschließend ein Märchen über eine Liebesbeziehung [16]:

Einst besaß ein junger Mann eine treffliche Herde von Milch-

kühen, auf die er sehr stolz war. So führte er sie immer auf die
besten Weiden. Wenn er abends sah, wie sie zufrieden waren
und wiederkäuten, dachte er: „Morgen früh werden sie viel
Milch geben." Eines Morgens jedoch, als er seine Kühe melken
wollte, waren die Euter schlaff und leer. Er glaubte, es habe an
Futter gefehlt und führte seine Herde am nächsten Tag auf safti-
gen Weidegrund. Er sah, wie sie sich satt fraßen, aber am nächsten Morgen hingen die Euter wieder schlaff und leer. Da trieb
er die Kühe zum drittenmal auf neue Weide, doch auch diesmal
gaben sie keine Milch. Jetzt legte er sich auf die Lauer und beob-
achtete das Vieh. Als um Mitternacht der Mond weiß am Himmel stand, sah er, wie sich eine Strickleiter von den Sternen
heruntersenkte. Auf ihr schwebten sanft und weich junge
Frauen aus dem Himmelsvolk herab. Sie waren schön und fröh-
lich, lachten einander leise zu und gingen zu den Kühen, um sie
leer zu melken. Da sprang er auf und wollte sie fangen, aber sie
stoben auseinander und flohen zum Himmel hinauf. Es gelang
ihm aber, eine von ihnen festzuhalten, die *allerschönste*. – Er be-
hielt sie bei sich. Und machte sie zu seiner Frau. Täglich ging
von da ab seine neue Frau auf die Felder, während er sein Vieh
hütete. Er dünkte sich glücklich. Und die gemeinsame Arbeit
machte sie reich. Eines aber quälte ihn: als er seine Frau einge-
fangen hatte, trug sie einen Korb bei sich. „Niemals darfst du da
hineinschauen", hatte sie gesagt, „wenn du es dennoch tust, wird
uns beide großes Unglück treffen." – Nach einiger Zeit vergaß
der Mann sein Versprechen; als er einmal allein im Haus war,
sah er den Korb im Dunkeln stehen, zog das Tuch davon und
brach in lautes Lachen aus. Als seine Frau heimkehrte, wußte sie
sogleich, was geschehen war. Sie schaute ihn an und sagte wei-
nend: „Du hast in den Korb geschaut." Der Mann aber lachte
nur und sagte: „Du dummes Weib, was soll das Geheimnis um
diesen Korb. Da ist ja gar nichts drin." Aber noch während er
dies sagte, wendete sie sich von ihm ab, ging in den Sonnenun-
tergang und ward auf Erden nie wieder gesehen. Und wißt ihr,
warum sie wegging? Sie ging nicht, weil er sein Versprechen ge-
brochen hatte. Sie ging, weil er die schönen Sachen, die sie für
ihr beider Leben vom Himmel her mitgebracht hatte, nicht sehen konnte. Und darüber sogar noch lachte.

Adam und Eva in uns

Bevor wir uns das erste Paar unseres jüdisch-christlichen Kultur-kreises aus nicht-theologischer Sicht etwas näher anschauen, noch einige Beobachtungen über abwehrende und zustimmende Haltung in der Bibel und in der offiziellen Kirche dem Eros ge-genüber; denn einige Ratsuchende wollen gerne ihre erotischen Empfindungen mit den Vorschriften ihrer Kirche in Einklang bringen:

Eine Frau merkte sehr schnell, daß ihre Neigung zu „Wenn du nicht wärst ..." sogar bis in diese kirchlichen Bereiche ging: „Wenn der Herr Pfarrer nicht gesagt hätte, ich dürfte kein Lust-empfinden beim Zusammensein mit meinem Mann haben, wäre unsere Ehe wohl besser." Nebenbei, dieser Pfarrer hat einige Jahre eine strenge und prüde Sexualmoral vertreten. Jedoch zeigte er sich wie ausgewechselt, nachdem er sich „über beide Ohren" verliebt hatte.

Das Religiöse und das Geschlechtliche sind die beiden stärk-sten Lebensmächte. Wer sie für ursprüngliche Widersacher hält, lehrt die ewige Zwiespältigkeit der Seele. Wer sie zu unversöhn-lichen Feinden macht, zerreißt das menschliche Herz. Und es ist zerrissen worden [43].

Der Verlust des Eros in der jüdisch-christlichen Religion be-gann (nach K. Lüthi) mit dem alttestamentlichen Patriarchat, in dem die Frau als Besitz des Mannes betrachtet wurde. Eine ge-wisse Aufwertung wurde ihr zuteil, wenn sie den Stamm mit Nachkommen versorgte. Der patriarchalischen Gesellschaft ent-sprach ein ausschließlich männlich geprägtes patriarchalisches Gottesbild. Diese Vermännlichung Gottes hatte in Israel einen bestimmten Sinn. Der Gott Israels sollte sich von den Fruchtbar-keitsgöttinnen in den Religionen der umgebenden Kulturen unterscheiden. Bei diesen spielte nämlich das Weibliche und die Erotik bis hin beispielsweise zu der sogenannten Tempelprostitution eine wichtige Rolle. Das war dem Glauben Israels unheimlich. Die Kritik der Propheten stellte nun den Götzendienst neben die Hurerei. Es wurde eine Wirklichkeit im Dualismus gelehrt: Licht – Finsternis, rein – unrein, gut – böse. Der Sexualtrieb wurde dem Unreinen und Bösen zugeordnet. In diesem Dualismus wurden das Körperliche und die Frau als Verführerin immer mehr abgewertet. – Eine falsch verstandene Kreuzestheologie des Neuen Testaments bedroht weiterhin die Entfaltung des Eros. Sie wertet passive Tugenden auf, wie Geduld, Leiden. Im Gespräch zwischen Theologen und Psychologen fällt hier der Begriff des christlichen Masochismus bis hin zur Todesverehrung, Selbsthaß, Schule der Liebesunfähigkeit (Helga Sorge). Zur Entwicklung erotischer Lust gehört aber die Selbstliebe. – Bei Paulus ist schließlich die strenge Unterteilung von Eros und Agape, also sinnlicher und vergeistigter Liebe zu finden. In einer dualistischen Weltsicht wird die Frau meistens der Negativseite zugeschlagen und als „Tor der Hölle, des Teufels Eingang oder mißratener Mann" bezeichnet. Ein Grund, warum nur der Mann Priester sein durfte und zölibatär leben sollte. Eine unsterbliche Seele hat man(n) der Frau erst nach langwierigen kniffligen Diskussionen zugestanden. Diese Zuschreibungen des Bösen führten dann zu den aggressiven Lösungen der Hexenverfolgungen und der Inquisition.

Im modernen Pietismus wurde Sexualität und Sünde in eins gesetzt. Arbeitsleistung wurde gefragt, und Frauen wurden an die „drei K" gewiesen: Kinder, Küche, Kirche [27].

Andererseits wird eine gewisse Anerkennung im offiziellen Christentum – das F. Heer als „Religion der Geschlechtsangst" bezeichnet – geduldet:

Der alttestamentliche Schöpfungsglaube ist zunächst nicht dualistisch und hat ein einfühlendes Verhältnis zum Natürlichen und zur Natur. Im Rahmen des Hohen Liedes ist eine bestimmte Vorstellung von Schönheit interessant. Sie ist sinnliche Reizwirkung [27]. Die/der Geliebte wird hier verglichen mit Blumenduft, duftenden Gärten, erfrischender Wasserquelle. Das Haar

gleicht einer Herde von Ziegen, die Brüste zwei lustigen Böck-
lein, die Liebe der Wirkung des Weins. – Zwei, die sich so lieben,
müssen – wie eifrige Theologen herausgefunden zu haben
glaubten – verheiratet gewesen sein. Oder noch besser: das
Ganze ist „nur" ein Gleichnis der Liebe Gottes zu seiner Kirche.
– Wichtig ist, daß in dieser erotischen Begegnung die Frau dem
Mann gleichwertig dargestellt wird. Beide fordern sich gegenseitig auf, miteinander zu schlafen.

Zur Weisheitslehre gehört das Hinnehmen von Leid und Tod
ebenso wie von Freude und sinnlichem Genuß (z. B. Prediger
9,7–9). In Sprüche 8,31.32 spielt die Weisheit an Gottes Seite.
Sie sei Gottes Entzücken Tag für Tag. Gott hat also eine Freundin: in einer Auslegung sei es die Liebesgöttin Astarte gewesen.
Nach dem tiefenpsychologischen Gesetz der Wiederkehr des
Verdrängten könnte man sagen, die verdrängte Weiblichkeit
Jahwes kommt hier mit all ihrer Erotik wieder zum Vorschein.
Eine solche Verweiblichung und Erotisierung des Gottesbildes
bringt manchen Theologen wahrlich auf die Palme; ich emp-
finde sie als eine Bereicherung. – Die meisten Schöpfungsmythen beginnen mit einem Götterpaar; nur „unser" Jahwe thront
einsam in seinen Höhen [43]. Doch der Geist Gottes, der anfänglich auf der Fläche der Wasser schwebte, ist im Hebräischen
weiblich!

Im Neuen Testament steht Jesus moralischen Sünden unbe-
fangen gegenüber. Er war Hochzeiten und Festen zugetan. Er
hat Moralismus und zwanghafte Gesetzeshörigkeit durchbrochen, z. B. mit seinem entmachtenden Wort an die Verfolger der
„Ehebrecherin": Derjenige von euch werfe den ersten Stein, der
frei ist von Sünde.

Die Unterscheidung der dualistischen Kategorien „rein – unrein" hat er nicht akzeptiert. Der leidende Mensch war ihm
wichtiger als die Vorschriften des Gesetzes.

In der Männerwelt seiner Zeit stand er Frauen völlig unbefan-
gen gegenüber. Er akzeptierte sie im Gelehrtengespräch, er trat
für sie ein, und er ließ sich von ihnen huldigen. H. Böll spricht
hier von einer Zärtlichkeit der Maria Magdalena. Und Hanna
Wolf sagt, Jesus habe den antiweiblichen Schatten der Männer
seiner Zeit integriert und auch überwunden.

Im Ostergeschehen kann auch eine Aufwertung des Leiblichen gesehen werden.

Diese Jesusimpulse sind in der Wirklichkeitsgeschichte des Christentums untergegangen – leider. Luther hat die Leiblichkeit mit der Gottähnlichkeit in Zusammenhang gebracht. Die Reformation hat gegenüber dem Mittelalter die Ehe aufgewertet und den Zölibat abgelehnt. Jedoch eine Aufwertung des Eros gelang ihr noch nicht. Ein erstes Ja zur Erotik finden wir erst in der Romantik bei dem jungen Schleiermacher, der das dualistische Denken kritisiert und das ganzheitliche idealisiert. Liebe und Religion gehören zusammen, und die Frau ist die Priesterin der Liebesreligion. Er hat sich auch um eine sensible Sprache der Liebe im frauenfreundlichen Sinne bemüht. „Jede(r) soll ihre (seine) Eigentümlichkeit entwickeln" [41].

Eine heutige theologische Sexualethik sucht ein Ja zum Eros [27]. Karl Barth stellt den absoluten Gegensatz von Eros und Agape in Frage. Ein freundliches Verhältnis zwischen beiden sollte gesucht werden. D. Bonhoeffer macht das Natürliche zum Thema der Ethik und fordert ein Recht auf leibliche Freuden. – Eine Situationsethik leitet dazu an, aus der Situation von sich liebenden Menschen Weisungen und einen Weg zu finden. Und dieser Weg wird strikt autonom und eigenverantwortlich gewählt. Moralismen werden abgelehnt nach dem gekürzten Augustinuswort: Liebe und tue, was du willst.

Vielen Ethikern beider christlicher Konfessionen geht es um ein sozialethisches Engagement, um echte Ich-Du Begegnung, um eine gerechte Beurteilung von Homosexualität und um erotische Beziehungen auch unter Behinderten. – Zärtlichkeit ist das zentrale Stichwort. Im Zeichen der Zärtlichkeit soll es zu einer neuen, umfassenden erotischen Kultur kommen, die dann auch gegen eine Kultur der Aggressivität stünde. K. Marti bezeichnet die Zärtlichkeit als eine der Töchter Gottes, und er sieht das Schicksal der Zärtlichkeit in einer Parallele zur jüdischen Vorstellung der Schechina. Diese ist – wie die Weisheit Sofia – eine weiblich geprägte Gottesgrundlage. Man übersetzt sie mit „Wohnen auf Gottes Erden" oder mit dem „Suchen Gottes nach seinem Volk". Das Judentum spricht dann vom Exil der Schechina, d. h. sie findet hier auf Erden keine Heimat. Ihre Suche geht immer wieder ins Leere, und sie weiß nicht, wo sie sich niederlassen soll. Ein ähnliches Schicksal könnte die Zärtlichkeit haben. Es gibt ein Exil der Zärtlichkeit in der Härte und Kälte dieser Welt. Ihr Suchen geht oft ins Leere. Sie findet hier keine Heimat und sie weiß nicht, wo sie sich niederlassen soll [30, 27].

Die Bibel, diese Sammlung uralter Menschheitserfahrungen und Weisheiten, muß allzuoft herhalten, um widersprüchliche Ausflüsse menschlichen Denkens und Glaubens zu beweisen oder zu widerlegen. „Man kann die Bibel wörtlich nehmen oder man kann sie ernst nehmen", schlichtet Pinchas Lapide die scheinbaren Kontroversen recht einleuchtend. Seinem klaren Denken und seiner treffenden Wortwahl ohne Weitschweifigkeit verdanke ich viele bereichernde Einsichten über das Buch der Bücher. Ich nehme es ernst in seiner Ausdruckskraft. Kompliziert anmutende seelische Zusammenhänge weiß es in einfacher Sprache zu schildern, die weniger den Intellekt anspricht als vielmehr tiefere, umfassendere Schichten unserer Seele. Die Seele besitzt mythenbildende Strukturen. Diese bildet sie aus sich heraus ohne Beeinflussung der Außenwelt oder der Tradition. Sie bedient sich dazu der Symbolsprache. Ein Symbol entsteht aus ineinanderfallenden Kräften von ähnlichen Vorstellungsinhalten und Gemeinsamkeiten, die sich in einem Bild (Gegenstand, Tier, Pflanze, Mensch, Naturereignis) verdichten und konkretisieren. Das Symbol dient als Energietransformator verschiedener Gefühlsqualitäten. – Die Seele lebt nicht in wissenschaftlichen Normen, sondern in der Anschaulichkeit der mythischen Welterfahrung. Das wachsende Interesse an Mythen und Märchen (ebenso wie an Naturheilverfahren) kann als Ausgleich zu unserer verkopften Welt angesehen werden, denn sie schildern das, was die Wissenschaft nicht zu benennen weiß, z. B. die Entstehung des Kosmos und des Lebens.

Der biblische Bericht über unsere Urur … Urgroßeltern ist die zeitlose Schilderung unserer aller Anfänge auf Erden, so klar, so wuchtig und nüchtern erzählt, daß dieser Text seit Jahrtausenden die Einfalt und das Genie, das Kind und den Greis bewegend anspricht. Was er ist, ist Trost, eine Mahnung ohne erhobenen Zeigefinger, ein Zuspruch, daß wir nicht allein sind in dieser Welt [24].

Der Schauplatz unserer Geschichte ist der Garten Eden. Schon im Altertum war der Garten ein besonderer Ort für geistiges und seelisches Wohlbefinden. In seiner Mitte sprudelte meistens ein Quell, daneben stand der Baum des Lebens. Im geistigen Sinne wurde ein solcher Garten auch als Mittelpunkt der Welt angesehen. Ebenso wie unsere Klostergärten war er von einer Mauer umschlossen. Das Wort Garten hängt mit dem Wort Gurt, Gürtel, umgürten zusammen. Ähnlich dem Symbol der umfangenden Arme bildet der Garten einen umfriedeten Raum mit Schutz und Geborgenheit. Auch das Wort Paradies bedeutet in altiranischer Überlieferung Umwallung, eingehegter Park, Lustgarten [16]. „Im Garten sein" symbolisiert demnach das Sein mitten in der Welt und zugleich in einer bergenden Umarmung.

Ob wir also sagen: Ich habe dich in mein Herz geschlossen, oder: ich nehme dich in meine Arme, oder: ich habe euch in meinen Garten geholt, allemal wird eine innere Beziehung zum Ausdruck gebracht, die Zusicherung einer Verbundenheit, die dem anderen Zuneigung, Zuhause und einen Ort der Geborgenheit bietet.

Solange Menschen sich in Zuneigung und Verläßlichkeit verbinden, solange einer den anderen achtet, ohne die zwischen ihnen stets vorhandene sensible Mitte eigensüchtig zu mißbrauchen, solange lebt und liebt in ihren Beziehungen auch göttliche Liebe mit. Aber wenn sie sich ihre Bindungen untereinander kündigen, geben sie den Garten der Geborgenheit und Liebe, den Gottesgarten insgesamt auf und werden ortlos [16].

Menschen können zurück in den Garten, wenn sie die ihnen geöffneten Arme annehmen und die ihren selbst öffnen. In dem Garten steht der Baum des Lebens. Daß der Baum seit Jahrtausenden *das* Symbol für Leben ist, spüren heute sogar schon diejenigen von uns, die meinten, sich in einer Betonwelt wohlfühlen zu können. Das Sterben dieser Lebenssymbole ist nicht nur ein trauriges Zeichen unserer Zeit. Es begann spätestens mit dem Zivilisieren unseres mitteleuropäischen Raumes. Als markanter Punkt kann das Fällen der Wotanseiche durch Bonifatius gelten. Was muß das für ein gewaltiger, ehrwürdiger Baum gewesen sein! Der Sitz der Götter! Und dieser wurde ersetzt durch Holz, also einen toten Baum. Das Holzkreuz war ja im Altertum ein Hinrichtungsinstrument, wie der Galgen. Und daran hängt auch noch ein toter Mensch! Das gefühlsmäßig als Symbol der Liebe „zu verstehen", ist sehr schwer, ja ohne entsprechende Unterweisung kaum möglich. Es ist interessant, die Reaktion natürlicher, unverdorbener Kinder auf solch ein Kruzifix zu beobachten: „Warum nehmen die den denn nicht runter? Das muß doch weh tun. Das muß aber ein böser Mann sein." – Wie anders da die Reaktion auf einen Baum, dessen mächtige Krone im Winde leise rauscht und uns vielleicht sogar etwas erzählt ...

Die Geborgenheit des Gartens hat auch ihre Grenzen: wer Geborgenheit nie gegen Neugierde und ein Wagnis eintauschen will, erwacht auch nicht zu seinen größeren Möglichkeiten.

Ein Mann, der sich von dem beschriebenen Gartensymbol sehr anrühren ließ, fragte, nachdem er seinem Verstand wieder die Kontrolle über sich eingeräumt hatte: „Aber wie ist das bei Wüstenvölkern oder Eskimos, die gar keinen Garten kennen?" Da gibt es bei den Eskimos eine sehr ähnliche Geschichte, die die gleichen Themen in ihre arktische Umwelt einbettet. Sie wird in Fabelform erzählt [34]:

Es war einmal ein dummer und gespreizter Rabe, der zum Meer flog, weit hinaus, er flog weiter und immer weiter, und als er müde wurde, begann er nach Land auszuspähen, aber es war kein Land da. Zuletzt war er so müde, daß er sich nur noch mühsam knapp über der Wasseroberfläche halten konnte. Und als plötzlich ein großer Wal dicht vor ihm auftauchte, wurde er so verwirrt, daß er diesem gerade in den Schlund hineinflog. Einen Augenblick blieb es dunkel um ihn herum, es sauste und plätscherte, und als er schon glaubte, sterben zu müssen, taumelte er geradewegs in ein Haus hinein. In ein schönes und reizendes Haus, wo es hell und warm war, auf der Schlafbank saß eine junge Frau und machte sich an einer brennenden Lampe zu schaffen. Sie erhob sich, ging freundlich auf den Raben zu und sagte: „Du bist mir als Gast willkommen, wenn du mir nur einen einzigen Wunsch zu erfüllen gelobst. Du darfst niemals an meine Lampe rühren." Der Rabe war glücklich, daß er sein Leben gerettet hatte. Er beeilte sich, ihr zu versichern, daß er die Lampe niemals anrühren werde. Und dann setzte er sich auf die Schlafbank und wunderte sich, wie fein und rein es in dem kleinen Haus war. Es war ein Haus aus Walfischknochen gebaut, wie die Wohnungen der Menschen. Und alles darin war so eingerichtet wie bei den Menschen. Aber eine seltsame Unruhe lag über der jungen Frau, sie saß niemals längere Zeit still. In kurzen Zwischenräumen erhob sie sich von der Schlafbank und hüpfte zur Tür hinaus. Es dauerte nur einen Augenblick, dann kam sie wieder herein. Aber gleich danach war sie wieder fort. „Was macht dich so unruhig", fragte der Rabe. „Das Leben", antwortete die junge Frau. „Das Leben und mein Atemzug." Aber diese Antwort verstand er gar nicht. Der Rabe, der nun zur Ruhe gekommen war und seine Angst vergessen hatte, fing an, neugierig zu werden. Was kann das sein, daß ich die Lampe nicht anrühren darf, dachte er. Und jedesmal, wenn die Frau hinausschlüpfte und er allein blieb, bekam er immer größere Lust, sein Versprechen zu brechen und hinzugehen und die Lampe nur ein ganz klein wenig zu betasten. Zuletzt konnte er seine Neugier nicht länger zügeln. Und als die Frau wieder zur Tür hinausschlüpfte, sprang er hin und berührte den Docht der Lampe. Im selben Augenblick taumelte die Frau kopfüber zur Tür hinein, fiel auf den Fußboden und blieb da liegen, während die Lampe erlosch. Zu spät bereute der Rabe, was er getan hatte. Er schwankte umher in schwarzer Finsternis. Das schöne helle Haus war nicht mehr da. Er war nahe daran zu ersticken. Er irrte zwischen Speck und Blut umher. Und so heiß wurde es, daß seine Federn abfielen. Halb erstickt taumelte er im Bauch des Wales umher. Und nun erst begriff er, was geschehen war. Die junge Frau war die Seele der Walin, und sie schlüpfte zur Tür hinaus um frische Luft, jedesmal wenn die Walin Atem schöpfen mußte. Und ihr Herz war eine Lampe mit großer und ruhiger Flamme. Der Rabe hatte aus bloßer Neugier das Herz der jungen Frau berührt, und darum war sie gestorben. Er wußte nicht, daß das Feine und Schöne auch zerbrechlich, vergänglich und leicht zu vernichten ist. Denn er selbst war dumm und zäh im Leben. Und nun kämpfte er um sein Leben in Finsternis und Blut. Alles, was zuvor gut und rein war, war nun häßlich und übelriechend geworden. Endlich glückte es ihm, auf dem gleichen Weg hinauszuschlüpfen, auf dem er hineingekommen war. Und da saß er nun, ein halbnackter Rabe, beschmiert und besudelt auf dem Rücken eines toten Wals. Hier blieb er sitzen und lebte vom Aas, während ihn Wind und Wellen hin und her

warfen. Seine Flügel waren zerbrochen durch Wasser und Blut, so
konnte er nicht mehr fliegen. Ein Sturm trieb ihn endlich ans Land.
Und die Menschen sahen den toten Wal und ruderten in ihren Boo-
ten hinaus, um Fleisch und Speck zu bergen. Als der Rabe sie sah,
verwandelte er sich augenblicklich in einen Mann. In einen kleinen
häßlichen, dunkelhäutigen und zerzausten struppigen Mann, der
oben auf dem Wal stand. Er sprach gar nicht davon, daß er aus blo-
ßer Neugier ein Herz angerührt und etwas Feines und Schönes zer-
stört hatte. Er prahlte nur überheblich: „Ich bin es, der den Wal
getötet hat, ich bin es, der den Wal getötet hat." Und er wurde ein
großer Mann unter den Menschen.

Das Paradies gehört Gott, der Adam einsetzte, es zu bewahren und zu betreuen; es ist also kein Schlaraffenland, in dem alles von selber wächst. Es bedarf der menschlichen Arbeit auch
im Paradies. Die meisten Schöpfungsmythen beschäftigen sich
mit der Frage: „Warum schuf Gott den Menschen?" und geben
zur Antwort: „Er wollte einen Treuhänder für seine Schöpfung." So heißt es z. B. in einem sumerischen Mythos: „Der
Mensch wurde geschaffen, um als Hirte die Herden der Götter
zu hüten." Im Paradies steht der Baum des Lebens und der Erkenntnis. Dem Verbot, von diesem Baum zu essen, geht das Gebot (= die Erlaubnis) voraus: „Du sollst von allen Bäumen
essen", und von denen muß es unzählige gegeben haben, so daß
Adams Geschlecht Jahrtausende hätte leben können, wenn ...
Eine mystische Deutung besagt, der Sündenfall sei der Beginn
der Menschwerdung. Hätte Adam nicht gegessen, wären wir als
Menschlinge im Paradies geblieben und dem harten Leben nicht
gerecht geworden. Also ist die Vertreibung aus dem Paradies die
Frucht dessen, was die lateinischen Kirchenväter glückliche
Schuld (felix culpa) nennen: Ein eindrucksvolles Gleichnis von
dem Problem der Loslösung Jugendlicher aus ihrer Primärfami-
lie.

Gott hat uns zwei Triebe eingestiftet, den animalischen, tierisch zu wollen und zu begehren wie die Vierfüßler. Er hat uns
aber auch die Möglichkeit gegeben, das Gute zu wollen, dem
Edlen nachzustreben, das Schöne zu verwirklichen. An uns liegt
die Wahl, das eine und das andere zu tun, d. h. wir sind geschaf-

fen als ein Bündel von Selbstwidersprüchen mit dem Auftrag, Gott ähnlicher zu werden; aber die Möglichkeit, animalischer, viehischer zu werden, bleibt offen, muß in Kauf genommen werden. Die Möglichkeit der Schuld ist der Preis, den wir für die Freiheit bezahlen. Adam ist also frei, zwischen gut und böse zu unterscheiden. Um sich jedoch vorwärtsentwickeln zu können, muß er das Tabu brechen, so wie Prometheus, Odysseus oder die meisten großen Entdecker der Neuzeit. Selbständigkeit erfolgt durch Abfall. Auch das Verändern unseres Lebensfahrplanes (Skript) hat etwas zu tun mit Abfall und Lassen (z. B. von der Ursprungsfamilie). Das schafft nur jemand, der auf eigenen Füßen steht und bereit ist, Schuld zu tragen. Und jede(r) von uns muß sich irgendwann im Laufe seiner Entwicklung (Individuation) einmal mit diesem Thema auseinandersetzen. – Dazu eine Geschichte aus Martin Bubers chassidischen Erzählungen:

Sussja fragte einmal seinen Bruder, den weisen Rabbi Elimelech: „Bruderherz, es steht doch in den heiligen Büchern geschrieben, daß die Seelen aller Menschen in Adam beschlossen waren. Da waren ja auch wir dabei, als er den Apfel aß. Ich kann es nicht begreifen, daß ich ihn habe essen lassen – daß du ihn hast essen lassen." Elimelech antwortete: „Wir mußten, wie alle mußten. Denn hätte er nicht gegessen, ewig wäre das Gift der Schlange in ihm geblieben, ewig hätte er gesonnen: Ich brauche nur von diesem Baum zu essen, da werde ich wie Gott – ich brauche nur von diesem Baum zu essen, da werde ich wie Gott."

Bei unserem sogenannten Sündenfall handelt es sich um den Vertrauensbruch schlechthin. Gerade das Verbotene lockt den Menschen an; denn das, was erlaubt ist, langweilt ihn bald – wollte Gott den Menschen nun dumm halten? (Das Wort) Erkenntnis hat im Hebräischen etwas mit Sex und Liebe zu tun, und „Adam erkannte Eva" heißt in der Tat, er schlief mit ihr. Und Erkenntnis ohne Liebe ist bei den Hebräern kein richtiges Erkennen, denn nur was du wirklich liebst, das kannst du im tiefsten Grunde erkennen. Das Erkennen von Gut und Böse kann nichts Neues sein, denn da der Mensch als Ebenbild Gottes geschaffen wurde, muß wenigstens ein Keim solcher Erkenntnis von vornherein eingestiftet gewesen sein. Wenn wir die beiden Worte „gut" und „böse" unter die Lupe nehmen, so heißen sie auf hebräisch eigentlich: „schädlich" und „fördernd". Gut und böse ist das, was dem Menschen frommt, gut, was ihm hilft, schlecht, was ihm unnütz ist oder ihm schaden könnte. Es ist vorstellbar, daß dieser Baum verboten wurde als Prüfstein für Adams Gehorsam, sein Vertrauen zu Gott, d. h. ob er folgt oder nicht. Wenn er nicht folgt, also seine Grenzen überschreitet, so wird dieser Baum für ihn in der Tat böse Folgen haben. Findet er die Seelenkraft, nein zu sagen zu seinen inneren Trieben und der Köstlichkeit der Verlockung, dann wird der Baum für ihn ein guter Baum werden, er kann somit als Zeichen menschlicher Selbstdisziplinierung gelten.

Eine weitere Auslegung der Rabbiner ist: [24] das Gute ist das Leben, das Böse der Tod (denn der Tod wird ihnen ja im Falle des Ungehorsams angedroht). Wenn das Leben gut ist, so ist Sex dem Leben förderlich, es erzeugt Leben und ist damit die beste Waffe gegen den Tod. Der Tod wird erst seit dem Patriarchat als böse erlebt, weil er nicht mehr mit der großen Mutter Natur verbunden ist wie im Matriarchat. Die andere Seite des Todes, das „Geborenwerden", ist ausgeblendet. Gott, der Adam „aus Erde machte", tritt hier als „Macher" auf. Damit ist auch der Tod nicht mehr in das Natürliche eingebunden, sondern eher ein „Kaputtgehen". Das erzeugt Angst. – Hierzu paßt ein geistreicher Satz aus der feministischen Theologie: „Als Gott den Adam erschuf, übte sie noch."

Eine vierte Schule besagt, daß hier die Freiheit des Menschen beginnt, die ihm von Gott verliehen ist. Der freie Gott will freie Mitarbeiter und keine Marionetten, noch Hampelmänner. Wie macht er dem Adam diese furchtbare Freiheit bewußt, die uns Zweifüßler auszeichnet unter allen anderen Geschöpfen? Durch das Verbot. Denn ein Verbot hat nur einen Sinn, wenn das Gegenteil auch eine Möglichkeit ist.

Adam benennt die Tiere mit Namen als Ausdruck des Menschen, der ihre Wesenhaftigkeit bezeichnet, und nur was er benennen kann, das gibt es für ihn. Was er nicht versprachlichen kann, existiert nicht. Das bringt zum Ausdruck, was sie tun sollen, was ihr Platz ist in dieser Riesenschöpfung. Er schafft ein Verhältnis zwischen diesen Tieren und sich selbst. Indem er sie benennt, begreift er sie, kann sie intellektuell ergreifen; sie wer-

den für ihn zum Teil erfaßbare Umwelt. Damit erfüllt er als Ak-
kermann (mit der ordnenden Sorge für die Tiere) den Auftrag,
die Welt nicht untertan zu machen, sondern sie mit Verantwortung in Besitz zu nehmen.

Adam klagt nicht bei Gott über seine Einsamkeit, sondern
Gott sagt selbst, daß es nicht gut sei, daß der Mensch allein ist.
Die Kabbalisten der jüdischen Mystik meinen, daß Gott dies aus
seiner eigenen Erfahrung sagt. Er schuf die Welt, um nicht allein
zu sein in diesem Riesenkosmos, und er schuf den Menschen als
ein Gegenüber. Er ist zwar sein Ebenbild, aber wohl doch nicht
die richtige Gesellschaft für ihn, weswegen er seinesgleichen haben soll. Damit folgerte Gott von sich auf Adam und er folgerte,
wie wir alle wissen, richtig [24].

Das Verbot, von dem Baume zu essen, ging an Adam allein,
denn Eva war zu der Zeit noch gar nicht auf der Welt. – Die Erschaffung der Eva aus Adams Rippe gereicht ihr nach Aussage
der Kirchenväter zum Nachteil. Dazu eine Geschichte für Eifer-
süchtige: Kurz nachdem Adam und Eva aus dem Paradies ver-
trieben waren, mußte Adam öfters auf Jagd gehen, um für den
notwendigen Lebensunterhalt zu sorgen. Dabei dehnte er seine
Streifzüge immer weiter aus. Eines Tages verirrte er sich und
fand erst am nächsten Morgen heim. Desgleichen geschah in der
nächsten und übernächsten Woche. Da wurde Eva stutzig und
stellte ihn zur Rede: „Du hast eine andere Frau!" Völlig perplex
kniete Adam vor ihr nieder: „Ich schwör Dir, du bist für mich die
einzige Frau auf der Welt!" Doch Eva wollte es genau wissen.
Abends gab sie ihm einen köstlichen Trunk, und als Adam tief
und fest schlief, streifte sie vorsichtig seine Decke zurück und –
zählte seine Rippen ...

Viele Frauen protestieren, weil Eva dem Adam nicht ebenbür-
tig geschaffen wurde, sondern „nur" aus seiner Rippe. Doch
schauen wir uns diesen Vorgang einmal aus der Sicht der Evolution an: Jede Art geht aus einer vorigen Stufe hervor und ist dieser durch irgendeine neu erworbene Eigenschaft überlegen und
damit höherwertig, so wie die Vögel den Reptilien, diese den Fi-
schen, diese den Weichtieren usw. Die höchstentwickelte
Gruppe bilden die Säuger, wo sogar von „höheren" und „niederen" Affen gesprochen wird. – Wenden wir dieses Prinzip auf

Evas „Rippenursprung" an, so ist sie, Eva, höher entwickelt als Adam, weil sie aus diesem hervorging. – Auch realistisch gesehen wissen wir, daß von Geburt an Frauen lebenstüchtiger sind als Männer.

Einen weiteren Beleg für diese Sichtweise führt die Schlange an, dieses kluge Tier. Sie galt damals als das schönste Wesen nach dem Menschen. Und im Persischen waren Adam und Eva bis zum Sündenfall mit rötlichen Schuppen überzogen, wovon unsere heutigen Nägel noch einen Rest darstellen. Die Schlange also, die ja in allen großen Religionen eine meist mächtige Rolle spielt, wendet sich an Eva und nicht an Adam. Warum?

Alte Rabbiner beantworten diese Frage hart: Die Frau ist intelligenter, intuitiver, gesprächsbereiter und neugieriger; denn Eva (CHAWA) bedeutet: Mutter alles Lebenden, die Sprecherin und die Sinngeberin (= weibliche Intuition). Jede(r) Therapeut(in) kann diese alte psychologische Weisheit anhand von Gruppen- und Paargesprächen bestätigen. (Modern ausgedrückt heißt das: Männer reagieren digital, linkshirnig, Frauen holistisch, rechtshirnig.) Adam ist verschlossen, unbeteiligt an diesem zentralen Gespräch und nicht sehr intelligent. Er ist passiv. Eva ist durch seine Passivität verführbar (wie alle Menschen), aber sie debattiert. – Die Schlange beginnt wie alle Verführer der Erde mit Halbwahrheiten (= Redefinitionen bzw. Doppeldeutigkeiten von Worten): „Ihr werdet sein wie Gott." Das kann bedeuten: Gott*ähnlich*, was für uns o. k. ist, da wir seine Ebenbilder sind. Es kann aber auch heißen: gott*gleich*, was die Sünde aller Sünden wäre, d. h. Gott verdrängen und sich an seine Stelle setzen (z. B. Fischer und sine Fru; König der Phönizier; Hitler, vielleicht auch heutige Atomtechniker). Weiterhin: „Ist es wahr, daß Gott euch *alle* Bäume verboten hat?" So fordert sie Evas Antwort heraus: „Nein, nicht alle, sondern nur den einen Baum." Und jetzt begeht sie ihren Fehler: „Gott hat uns verboten, „von der Frucht des Baumes der Erkenntnis zu essen und ihn anzurühren." Woher weiß sie das? Doch nur von Adam, da das Verbot nur an ihn ergangen ist. Entweder hat Adam sie belogen, oder sie übertreibt, denn von Anrühren war nicht die Rede. So konnte die Schlange auf diese Akzentverschiebung (Redefinition) von Essen zu Anrühren einsteigen und die Frucht anrühren und zu Eva sagen: „Schau her, ich kann die Frucht anrühren, und mir passiert nichts." Von hier war es der Schlange ein Leichtes, Eva durch geschickte Winkelzüge (Rück-Redefinitionen) zum Essen zu verführen. Wer von uns kennt diese (anguläre Transaktionen [36]) nicht, z. B. aus der Werbung.

Was passiert denn eigentlich nach dem Essen? Solange sie mit Gott eins waren und harmonisch in der Schöpfung lebten, störte die Nacktheit als Symbol für Natürlichkeit nicht. Erst durch das Übertreten des Verbotes als eine Entfremdung von ihrem Gott erleben sie Angst und Scham als Resultat. Das Zustandekommen einer solchen neurotischen Angst(-Masche) wird hier eindrucksvoll geschildert als Folge von Drama. Und Drama entsteht, wenn wir Grenzen überschreiten, insbesondere Grenzen zu von uns nicht kontrollierbaren Kräften (z. B. hat der Zauberlehrling seinen Glauben in die Weisheit seines Meisters verleugnet, indem er ihm nicht gehorchte. Die Folge ist Angst. – „Der Glaubende kann gehorchen, und der Gehorchende kann glauben" (D. Bonhoeffer).

Im Drama werden wir Marionetten der systemischen Kräfte – wir haben unsere Wahlfreiheit zum Denken und Handeln und damit auch zum Fühlen verloren. – Die Lösung von Ängsten besteht im Rückzug in *sein* begrenztes Gebiet (und damit auch in adäquate Ich-Zustandsgrenzen sowie in der Klärung und Respektierung seines Eltern-Ichs. Den Erfolg können wir an Depressiven belegen, die nach Aufgabe ihrer EL-Trübung und nach Beeltern ein klares funktionsfähiges EL besetzen).

Es geht hier also nicht um irgendeine Frucht (der Apfel kommt aus einer Fehlübersetzung der lateinischen Vulgata, „Scientes bonum et malum"), sondern allein um die Übertretung des göttlichen Verbotes, einen Vertrauensbruch und einen Mißbrauch der geschenkten Freiheit.

Das Ärgste ist jedoch die Rolle des Adams: Während die Eva gut debattiert und von der Schlange überlistet wird, nachdem sie doch das Pro und Kontra abgewogen hat – man sieht förmlich, wie sie nachdenkt – und dann erst in die Frucht beißt, heißt es dann in einem absurd lakonischen Satz: „Sie gab auch ihrem Mann, der bei ihr war, und auch er aß." Die Kirchenväter stempeln hier die Eva zur Hauptsünderin, da sie den armen Adam verführt hat. Doch Adam, spricht nicht, er denkt nicht, er überlegt nicht, und von Erwägungen ist überhaupt keine Rede. Er ist ein passiver Mitläufer oder noch ärger, ein Mitfresser. Er hätte es seiner Frau verbieten sollen, vor allem aber sich selbst! Dieses Verhalten ist bis heute bei den meisten Männern innerhalb ihrer Paardynamik beobachtbar, insbesondere in Gruppentherapien: „Warum reden eigentlich die anderen Männer nichts?" konfrontierte kürzlich ein aktiver Adam seine Geschlechtsgenossen, worauf diese sehr verwundert und die Frauen sehr bestätigend reagierten.

Warum fragt der allwissende Gott „Adam wo bist du?" Das ist keine Frage, sondern die innere Stimme des Gewissens, denn Adam weiß sehr wohl, daß er gesündigt hat, daß er etwas getan hat, was er hätte nicht sollen. Die Frage ist nicht Frage, sondern Anklage: „Wo ist dein Platz auf dieser Erde, hast du vergessen, daß du ein Stück Schöpfung bist und nicht Gott selbst? Wolltest du Gott werden, wie du dir hast einreden lassen?" Diese Frage ist also eine Ortung, um ihm zu zeigen, daß er nur ein ganz kleines Teilchen in dem riesigen Gesamtwerk der Schöpfung ist [24].

Seinen nächsten jämmerlichen Auftritt hat Adam mit seiner Ausflucht: „... das Weib, das du mir gegeben." Mit dieser eindrucksvollen und ältesten Schilderung eines doppelten „Wenn du nicht wärst ..." wird uns allen der Spiegel vorgehalten. Wir suchen doch immer Sündenböcke, wir verdrängen die eigene Schuld, und Adam in krassester Weise ist leider unser Vorbild, indem er gleich zwei Sündenböcke sucht: seine Frau und Gott, womit er seine Verantwortung ignoriert: „Ich habe dieses Weib ja gar nicht verlangt, *du* hast sie mir ja aufoktroyiert, außerdem hat sie mich doch verführt, also bin ich doppelt unschuldig." Im Klartext; er ist ein doppelter Feigling. Hier liegt die Hauptsünde Adams; nicht so sehr im Essen, vielmehr in der Schuldverdrängung und der Sucht nach Ausreden und Sündenböcken. „Das Weib, das du ...", wird von den „armen" Männern gerne als ewige Entschuldigung herangezogen für eigene Schwäche, für eigene Schuld und als Vorschub für die Verführungskünste, die man den Frauen nachsagt. – Therapeuten kennen diese Dynamik bei chronischen Streitpaaren: Jeder beschimpft nur den andern und weigert sich vehement, die Verantwortung für seinen Teil zu übernehmen. Und warum das? Beide fühlen sich vom andern enttäuscht, verletzt, da jeder die geheime Beziehungsfantasie des anderen – z. B. ich werde mit dir glücklich sein, dich glücklich machen, und zusammen werden wir wie im Paradies leben – vereitelt hat. Diese Kränkung wird so fatal empfunden, weil sie nicht aus der momentanen Beziehung stammt, sondern schon in der Primärfamilie erlebt wurde. – Die Lösung besteht in dem Bewußtmachen des geheimen Ehevertrages, dessen Revidierung, ziehen der Konsequenzen und Übernahme der Verantwortung für sein Denken und Handeln und Fühlen. – Dazu Hui Neng in der Plattform-Sutra: Wenn einer Fehler in der Welt findet, fehlt er augenscheinlich durch sich selbst. Wenn andere Menschen nicht in Ordnung sind, habe ich einen Fehler begangen. Wenn wir uns des Denkens, Fehler zu finden, entledigen könnten, würden alle Betrübnisse in Stücke geschlagen. Die Welt sollte gerade hier – in dieser Welt transzendiert werden.

Wir stecken doch alle drin in diesem Adam; wir sind nicht nur Leser, sondern Mitbeteiligte – Wort für Wort, in jeder Zeile klingen wir selber mit. Und daher haben wir nicht zu urteilen, sondern zu erröten und uns einzugestehen: „Ja, in der Tat, so sind wir alle." Und vielleicht können wir ihm (und auch uns selbst) verzeihen, daß er und wir nun mal so sind.

Unbefriedigend bleibt die Trübung, daß Eva weiterhin als die Urheberin des Übels gilt. Adam trägt die Hauptschuld; als Wächter der Schöpfung wäre es seine Pflicht gewesen, nicht zu plaudern und nicht mitzuessen. Trotzdem blieb über die Jahrtausende die Trübung bestehen, daß das ganze Unheil von der Eva ausging. – Natürlich hat die Frau begonnen, sie ist intuitiver, sie kann mit der Schlange reden, sie darf vielleicht auch reinfallen, *aber* wo ist der Mann (vgl.: Im Englischen heißt Frau: wo-man) mit seiner großen Männlichkeit, mit seinem Anspruch als Herr der Schöpfung?!

Was sind nun die Folgen? Die Schlange soll kriechen. Diese und schließlich der Ackerboden mit Dornen und Disteln werden sogar verflucht. Hier wird unüberhörbar ausgesprochen, daß die gesamte Natur durch die Schuld des Menschen ihren ersten Knacks abbekommen hat, einen Knacks, der noch kein unheilbares Übel darstellt, sondern der noch korrigierbar ist bzw. war – damals vor vielen tausend Jahren!

Was hat der Ackerboden mit der Dummheit der Menschen zu tun? Das ist wohl eines der ewigen Rätsel göttlicher Weisheit. Vielleicht hat es auch etwas mit der Bedeutung des Wortes „Adam" zu tun, das neben Menschling auch Erdling heißt, denn eine dreifache Nabelschnur bindet ihn und damit uns an Mutter Erde: *aus* ihr sind wir genommen, *zu* ihr ist unsere Heimkehr, *von* ihr ernähren wir uns alle [24], welch hochaktuelles Thema!

Und schließlich die Strafe für den Menschen: Adam muß für seinen Lebensunterhalt schuften, „im Schweiße seines Angesichts ..." Kein Wunder, daß er sich im Laufe der Menschheitsgeschichte immer neue Hilfsmittel ausgeklügelt hat, um sich seine Plackerei zu erleichtern. Seine Intelligenz wurde ihm ja glücklicherweise belassen, vielleicht als Chance für einen Neuanfang oder gar zur Versöhnung. – Doch daß er seine bis heute hochentwickelten Technologien auch zu seinem eigenen Verderben einsetzt, scheint eher seine Unversöhnlichkeit zu bekunden und das Fortwirken jenes alten Fluches. – Denn welche Erklärung gibt es sonst für das Verhalten des Menschen, trotz besseren Wissens weiterhin Leben zerstörende Techniken zu benutzen statt der lebensfreundlichen (biophilen). Diese verlangen allerdings etwas mehr Arbeit und Verzicht auf manche Bequemlichkeit.

Und letztlich Eva: sie soll diesem Mann, den wir als Charakterschwächling kennengelernt haben, „untertan sein". Dieses Zitat haben Patriarchen aller Zeiten ausgenutzt, um sich ihre Frauen gefügig zu machen. Damit verloren sie natürlich die Achtung voreinander. Und Liebe ohne Respekt – so hoffe ich, haben diese Kapitel veranschaulicht – kann nicht bestehen, sondern versandet in Hörigkeit, die keine Basis für eine tragfähige Partnerschaft bietet.

Doch auch in diesem Fluch sehe ich eine Chance liebevoll versteckt: Wir wissen aus der Therapie, daß resignierte Menschen wieder einen ersten Funken von Energie aufleuchten lassen, wenn wir ihren rebellischen Anteil locken. Und jede halbwegs gesunde Frau wird gegen ein Gebot, dem Manne untertan zu sein, revolieren – innerlich wenigstens. Und statt weiterhin

„Wenn du nicht wärst ..." zu jammern, oder sich dem Glaubenssatz: „Ohne Mann bin ich nichts" zu unterwerfen, reagieren
heute viele Frauen – einige zaghaft, andere eher stürmisch – auf
jenen ihr rebellisches KIND provozierenden Gottes-Stimulus
von vor vielen tausend Jahren. – Wahrlich eine Jahrtausend-
transaktion!

―――――――

Die Auswahl meiner Beobachtungen und Gedanken über Lieben
und Lassen beschließe ich mit einem Vers von A. Mau:

>   einander begegnen   – der Anfang
>   einander erkennen   – der Weg
>   einander anerkennen – das Ziel

Literatur

1 Anders, G.: Das Günther Andres Lesebuch; hrsg. von B. Lassahn; Zürich 1984.
2 Barz, H.: Männersache; Zürich 1984.
3 Berne, E.: Spielarten und Spielregeln der Liebe; Reinbek 1974.
4 Ders.: Spiele der Erwachsenen; Reinbek.
5 Ders.: TA in Psychotherapy; Grove Press Inc. New York.
6 Ders.: Was sagen Sie, nachdem Sie ‚Guten Tag' gesagt haben? Frankfurt 1978.
7 Böll, H.: Ansichten eines Clowns; München 1967.
8 Ders.: Die verlorene Ehre der Katharina Blum; Köln 1974.
9 Bosmans, P.: Liebe wirkt täglich Wunder; Freiburg 1985.
10 Buber, M.: Ich und Du; Heidelberg ¹¹1983.
11 Cardenal, E.: Das Buch von der Liebe (Das poetische Werk, Bd. 4); Wuppertal 1985.
12 Eibl-Eibesfeldt, I.: Liebe und Haß; München ¹²1985.
13 Fromm, E.: Die Kunst des Liebens; Stuttgart 1980.
14 Ders.: Haben oder Sein; Stuttgart 1976.
15 Guggenbühl-Craig, A.: Die Ehe ist tot – lang lebe die Ehe; Zürich 1981.
16 Halbfas, H.: Religionsbuch für das erste Schuljahr; Köln 1983.
   Religionsbuch für das 4. Schuljahr; Köln 1986.
17 Heigl-Evers, A. u. Heigl, F.: Lieben und Geliebtwerden in der Ehe; Göttingen ²1971.
18 Herderautoren: Von heiteren Tagen; Freiburg 1987.
19 Hite, S.: A nationwide study on Female Sexuality; N. Y. Macmillan Pub., 1976.
20 Dies.: The Hite Report on Male Sexuality; N. Y. Alfred Knopf, 1981.
21 Jellouschek, H.: Der Froschkönig; Zürich.
22 Ders.: Hera, Zeus und Semele; Zürich.
23 Kast, V.: Paare; Stuttgart 1984.
24 Lapide. P.: Adam und Eva; (Vortrag)
25 Ders.: Er wandelte nicht auf dem Meer; Gütersloh ²1986.
26 Lowen, A.: Liebe und Orgasmus; München 1986.
27 Lüthi, K.: Eros und Agape; (Vortrag Berner Friedenswoche)
28 Ders.: Gottes neue Eva; Stuttgart 1978.
29 Mandel, A., Mandel K. H., Stadter, E., Zimmer, D.: Einübung in Partnerschaft durch Kommunikationstherapie und Verhaltenstherapie; Bd. 1, München ¹⁰1979.
30 Marti, K.: Zärtlichkeit und Schmerz; Neuwied ⁵1986.
31 Moser, T.: Stufen der Nähe; Frankfurt 1981.
32 Neumann, E.: Amor und Psyche; Heitersheim ⁴1984.
33 O'Neill, N., O'Neill, G.: Die offene Ehe; Reinbek 1975.
34 Rasmussen, K.: in: M. Hausmann, Da wußte ich, daß es Frühling war. Eskimohid. Zürich 1984.

35 Rauch, E.: Autosuggestion und Heilung; Heidelberg ⁴1986.
36 Rautenberg, W. u. Rogoll, R.: Werde, der du werden kannst; Freiburg ⁶1986.
37 Richter, H. E.: Flüchten oder Standhalten; Reinbek 1976.
38 Rogoll, R. u. Waiblinger, A.: Hexeninterview; in: Psychotherapie und Psycho-
     somatik, Nr. 31; Berlin 1986.
39 Schellenbaum, P.: Das Nein in der Liebe; Stuttgart 1984.
40 Schiff, J. et. al.: Cathexis Reader.
41 Schleiermacher, F.: Ethik der Geschlechter, Ges. Werke.
42 Schmidbauer, W.: Angst vor der Nähe; Reinbek 1985.
43 Schubart, W.: Religion und Eros; München 1978.
44 Seifert, S. / Seifert, Th.: Ich – Du – Wir; Stuttgart 1979.
45 Steiner, C.: Macht ohne Ausbeutung; Paderborn 1985.
46 Ders.: Wie man Lebenspläne verändert; Paderborn 1982.
47 Tennov, D.: Limerenz – über Liebe und Verliebtsein; München 1981.
48 Teutsch, G. (Hrsg.): Da Tiere eine Seele haben; Stuttgart.
49 Von Franz, M.-L.: Die Erlösung des Weiblichen im Manne; Frankfurt 1980.
50 Waiblinger, A.: Rumpelstilzchen. Gold statt Liebe; Zürich 1985.
51 Widmer, U.: Shakespeare's Geschichten. Teil 2. Nacherzählt von U. Widmer;
     Zürich 1984.
52 Willi, J.: Die Zweierbeziehung; Reinbek 1975.
53 Ders.: Koevolution; Reinbek 1985.
54 Wolf, Ch.: Kassandra; Neuwied 1986.

Von der Kunst zu lieben

Dietmar Mieth
Das gläserne Glück der Liebe
Band 4063
Die spannungsreiche Einheit von Eros und Verantwortung steht im
Zentrum dieses sensiblen Buches.

Antoine de Saint-Exupéry
Briefe an Rinette
Poesie einer Liebe
Band 4076
Vom Charme eines Gefühls, das das Leben verzaubert, erzählen die
Briefe des jungen Antoine. Wundervoll als Geschenk.

Thomas Schäfer
Mein allerliebstes Haselnüßchen, ich muß dich knacken
Mann und Frau im Märchen
Band 4083
Eine Entdeckungsreise in die Welt vertrauter Geschichten – und zu den
märchenhaften Möglichkeiten der Partnerschaft

Eugen Drewermann
Zeiten der Liebe
Herausgegeben und eingeleitet von Karin Walter
Band 4091
Eugen Drewermanns tiefe und poetische, die Unendlichkeit berührende
Texte lassen Wege entdecken zu einem Leben der Liebe.

Ramon Llull
Das Buch vom Freunde und Geliebten
Übersetzt und herausgegeben von Erika Lorenz
Band 4094
Ein Juwel abendländischer Mystik: „Llull spricht überwältigend schön
über die Liebe" (Neue Zürcher Zeitung).

HERDER / SPEKTRUM

Für ein bewußtes Leben

Verena Kast
Loslassen und sich selber finden
Die Ablösung von den Kindern
Band 4002
Sich loslassen und sich als Erwachsene neu begegnen. Phasen und Chancen
im Ablösungsprozeß von den Kindern.

Lorenz Wachinger
Wie Wunden heilen
Sanfte Wege der Psychotherapie
Band 4009
Die Quintessenz von über 20jähriger therapeutischer Erfahrung: erprobte
Hilfen zum gelingenden Leben.

Christine Swientek
Mit 40 depressiv, mit 70 um die Welt
Wie Frauen älter werden
Band 4010
Älterwerden nicht als Last, sondern als Lust und Chance. Frauen erzählen,
was dabei zu gewinnen ist.

Rüdiger Rogoll
Nimm dich, wie du bist
Wie man mit sich einig werden kann
Band 4046
Transaktionsanalyse konkret: Wer innere Konflikte aufarbeitet, kommt
auch mit seinen Mitmenschen besser zurecht.

Werner Rautenberg/Rüdiger Rogoll
Werde, der du werden kannst
Persönlichkeitsentfaltung durch Transaktionsanalyse
Band 4062
Dieses Buch hilft, die eigene Lebensgeschichte zu entziffern und alle
Möglichkeiten zur persönlichen Entfaltung zu nutzen.

HERDER / SPEKTRUM

Viktor E. Frankl
Psychotherapie für den Alltag
Band 4072

Sinn gibt es nicht auf Rezept. Jeder muß ihn für sein Leben selber suchen.
Einsichten zu den großen Themen des Lebens.

Chérie Carter-Scott
Negaholiker
Das Rettungsbuch für alle Schwarzseher und notorischen
Pessimisten
Band 4075

Das praktische Selbsthilfeprogramm für alle, die sich weniger zutrauen, als
sie wirklich können. Ein wahrer Lichtblick.

Julie und Dorothy Firman
Lieben, ohne festzuhalten
Töchter und Mütter
Band 4117

Ein einfühlsames, ehrliches Buch für ein geglücktes Verhältnis von
Töchtern und Müttern in allen Phasen des Lebens.

Walter Sydow
Sisyphos lernt tanzen
Ein Mann geht den Weg der Befreiung
Band 4131

Die Geschichte eines Helden, der lernt, kein Held mehr sein zu müssen.
Ein intelligentes Lese-Vergnügen voll hintergründigem Psycho-Witz.

Dorothy Corkille Briggs
Selbstvertrauen wirkt Wunder
Wege zu neuem Lebensmut
Band 4134

Wirkungsvolle Tips zur Entwicklung eines Selbstwertgefühls, das die vielen
Stolpersteine im Leben überwinden hilft.

HERDER / SPEKTRUM

Klaus Sejkora
Männer unter Druck
Wege aus typisch männlichen Lebenskonflikten
Band 4177

„Machos" und „Softies" sind out. Damit nicht auch „der neue Mann" in
Streß, Konkurrenzdruck und Ehekrise untergeht: Sejkora lesen!

Gina Kaestele
Umarme deine Angst
Neun Helfer zur Verwandlung von Hilflosigkeit und Angst
Das praktische Selbsthilfeprogramm
Band 4179

Die erfahrene Therapeutin zeigt, wie sich Unsicherheit zuverlässig
verwandeln läßt in konstruktive Kraft.

Samuel Osherson
Männer entdecken ihre Väter
Die ersehnte Begegnung
Band 4207

Männer brauchen Väter als Orientierung für ihr eigenes Mannsein.
Konstruktive Ratschläge für eine befreiende Klärung der
Vater-Sohn-Beziehung.

Erich Fromm
Leben zwischen Haben und Sein
Herausgegeben von Rainer Funk
Band 4208

Wie können wir die Kunst des Lebens neu erlernen? Antworten, die
überzeugen. Mit zahlreichen bisher unveröffentlichten Texten.

Heidi Gidion
Und ich soll immer alles verstehen ...
Auf den Spuren von Müttern und Töchtern
Band 4214

Anhand von Texten großer Dichterinnen erschließt Heidi Gidion mit
psychologischem Spürsinn die vielen Nuancen der
Mutter-Tochter-Beziehung.

HERDER / SPEKTRUM